山中伸弥
成田奈緒子

# 山中教授、同級生の小児脳科学者と子育てを語る



講談社+α新書

# まえがき

ちょうど1年前、旧知のライターさんから連絡がありました。

「山中伸弥先生と子育てをテーマにした本を作りませんか?」

ノーベル賞博士の山中教授は私にとって「同級生の山中君」でもあります。30年前に神戸大学でともに医学の道を志した同志です。私の旧姓が五十音順でいくと山中君と接しており、解剖や病院の実習などでペアになったり、同じグループになることが多くありました。


私、成田奈緒子は小児科医で、小児専門の脳科学者でもあります。特別支援教育を行う教員を育てる大学教員であり、その分野の研究もしています。小児心理の外来及び、児童相談所や発達障害者支援センターなどの嘱託医を務めながら、千葉県内で「子育て科学アクシス」という医療・心理・福祉・教育の枠を超えた専門家と家族の交流の場を主宰。発達障害や不登校、不安障害の悩みを支えています。

少しためらいましたが、「山中君がやるのなら、いいですよ」と答えました。

しばらくしたら「山中先生はOKだそうです」とお返事が。相手は私でいいのだろうか？　と自問自答しましたが、不安よりワクワクする気持ちが上回りました。

今回のお話をいただいてから、山中教授の著書を何冊か読ませていただきました。そこには、大学時代と何も変わらない山中君がいました。飾り気がなく、関西人らしいユーモアにあふれる人柄は当時と同じだと感じました。

実際にお話ししてあれこれ伺うと、ノーベル賞まで受賞したのに威張ったりするところはまったくありませんでした。加えて、淡々とした語り口ながら科学者として、ひとりの大人として「社会をよりよくしたい」という情熱を感じました。

「山中君の成功の原点は、強いパッションなのだ」と、あらためて思い知った気がしました。

コロナ禍の今、そしてその先にあるアフターコロナの世界で、未来ある子どもたちをどう育むか。私たちなりにさまざま語り合いました。

「自分はどう育てられたか?」

「わが子をどう育てたか？」

「今の時代、子育てに大切なことは何なのか？」

　お互いのこと、子育てや社会のことについて、こんなにも深く意見を交わせるとは思いませんでした。しかも、たくさんの共通点があってとても驚きました。


　また、私の幼少時代から大学まで続いた家族との葛藤を、山中君は涙を流さんばかりに聞いてくれました。

「大学で一緒にいたのに、気づかなくて悪かった」と頭を下げるのです。60歳を目の前にしたアラカンだというのに、じんとさせられました。他者への思いやりにあふれたこころ。謙虚だけれど、前向きな姿勢。どうやって人間形成されたのかが、本書で解き明かされています。

忙しいなかで2人の娘さんのことを思いながら子育てされていました。それが通じているからこそ、娘さんたちは医学の道を志したのだと思います。私の娘も同様に医学生ですが、親の職業を踏襲することは、誰しもが強い覚悟があってのことでしょう。

なぜなら、いつかどこかで親と比べられる場面があります。自分でも比べてしまう。私も父親が医者だったのでそれなりに理解できます。

それでも娘さんたちは「自分は大丈夫」と思える〝こころ〟を養われたのでしょう。何より、比べられる相手となる父親が、自分の一番の味方であると信じられたのだと想像します。使い古された言葉ですが、絆があるのだと感じました。

山中教授は新しい細胞を創造し、命をつなごうとしています。その一方で、私の役目は、生きづらさを感じるこころを変えて命をつなぐことです。
私たちが考えた新しい時代の「子育ての極意」が、何らかのかたちで皆様のお役に立てれば幸いです。

2021年10月　成田奈緒子

# 山中教授、同級生の小児脳科学者と子育てを語る　目次

第二章　親子で「ええかっこしい」をやめる　47

# 山中伸弥

やまなか・しんや

1962年　大阪府で生まれる。東大阪市で工場経営をする父母の長男。8つ上に姉がいる。

75年　中高一貫校である大阪教育大学附属天王寺中学校に入学。父の勧めで柔道を始める。中学3年で生徒会副会長。高等部の天王寺校舎へ進む。

81年　一度も塾に通わず神戸大学医学部に現役合格。柔道部に入ったが、3年でラグビー部に転部。授業にあまり出ず、出席番号の近かった成田のノートを借りて試験を乗り切る。

87年　卒業後すぐに結婚。整形外科で臨床研修医として勤務。

89年　大学院生として大阪市立大学大学院医学研究科へ。

90年　長女誕生。

91年　次女誕生。

93年　米国グラッドストーン研究所へ博士研究員として留学。

96年　帰国。当時はES細胞の有用性が医学研究の世界において重視されていなかったため周囲の理解を得られず、ほぼうつ状態に。基礎研究を諦め整形外科医へ戻ることを考えていた矢先、奈良先端科学技術大学院大学で助教授（現・准教授）として採用され自身の研究室を主宰する。

2006年　ES細胞に似た人工多能性幹細胞（iPS細胞）を生成する技術を開発。世界的な注目を浴びる。08年に京都大学物質－細胞統合システム拠点iPS細胞研究センターセンター長に就任。

10年　京都大学iPS細胞研究所所長。

12年　「成熟細胞が初期化され多能性を獲得し得ることの発見」により、ノーベル生理学・医学賞をジョン・ガードン氏と共同受賞。

20年　公益財団法人京都大学iPS細胞研究財団理事長を兼務。

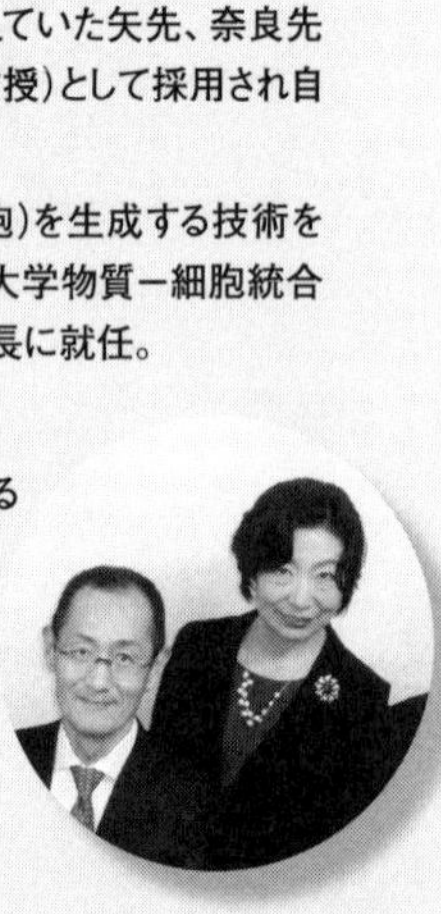

# 成田奈緒子《なりた・なおこ》

1963年　宮城県で生まれ、8歳から兵庫県神戸市で育つ。父は小児科の開業医。母は結婚前まで臨床心理士。2人姉妹の長女。

75年　神戸女学院中学部入学。高等学部に進む。映画『グリース』や、ドラマ『大草原の小さな家』を観てアメリカに憧れる。英語の勉強に精を出す。

81年　一度も塾に通わず自力で神戸大学医学部に現役合格。闘病中だった母の看護をしつつも、お茶や料理を習い大学生活を満喫。解剖実習等で山中とペアに。さまざま助け合う。

87年　大学卒業後は関西で研修医に。小児科医の道を歩み始める。

90年　研修医時代に知り合った男性医師と結婚。

94年　米国セントルイスワシントン大学医学部へ夫婦で留学。分子生物学、発生生物学、発達脳科学の研究をスタートさせる。不動産屋と交渉しコンドミニアム購入(帰国時に売却)。

98年　帰国後、獨協医科大学越谷病院小児科に勤務するも、すぐ妊娠が判明。体調が悪い日の当直は夫が代理を務めた。

99年　長女誕生。

2000年　筑波大学基礎医学系講師に。2病院で小児心理外来を開設。小児科の臨床と基礎研究に従事。

2005年　文教大学教育学部特別支援教育専修准教授に。翌年から夫が三重大学教授となる。09年には同大学教授に昇任。

14年　医学・心理・教育・福祉を包括した専門家集団による親子支援事業「子育て科学アクシス」を開設し代表に。薬を必要以上に用いず、親・保護者の接し方、とらえ方で子どもを変えていく手法には、発達障害の症状がある子どもに対する精神薬の過剰処方に警鐘を鳴らす意味も込められている。

ブックデザイン　鈴木成一デザイン室
本文構成　島沢優子

# 第一章

# 「ほったらかし」が子どもを伸ばす

# 子ども時代は家でひとりで過ごす時間が長かった

**山中**　今回は子育てがテーマということやけど、まずは自分がどんなふうに育ったかを話しましょうか。僕の母親はね、家業の工場の経理の仕事を手伝っていました。今でいうワーキングマザーですね。忙しかったせいもあると思うけど、あれこれ言われたことはなかったかな。

**成田**　怒られたことも？

**山中**　いや、それは当然あったよ。一番怒られたのは、コタツ台を火の海にしたときかな。

**成田**　火の海!?

**山中**　僕、昔から科学が大好きで。で、そういう雑誌、ほら子ども向けの科学雑誌みたいなのがあって、それに毎回付録がついてくるタイプの。その付録でいろいろ実験できた。そのうちのひとつが、アルコールランプの実験でした。子ども向けの雑誌にあんなリスキーな付録がついてくるなんて、今じゃ絶対ありえないと思いますが。

**成田** ああ、もう、先が見えてるやん。

**山中** まあ、そう言わずに聞いてよ。

**成田** はい、もちろん（笑）。

**山中** とにかく、それをコタツの上でやってたら、入れ物が見事にコケまして。コタツ台にこぼれたアルコールにバーッと炎が広がった。本当にコタツの上が火の海になったんです。

**成田** おっかないねえ。それ、ひとりでやってたんですか？

**山中** いや、母親がその日はたまたま家にいて、ずいぶん怒られたことを覚えてます。

**成田** 良かったねえ、大火事にならずに済んで。

**山中** いや、ほんまに。

**成田** 学研の月刊誌『科学』と『学習』ですよね。思えば私ら、小学生で一度、理系か文系を選ばされてたんだね。科学には化学が含まれていた。山中君が火の海にした回はたぶん「化学」だ。毎号付録が楽しみでしたね。私はそれよりも危険性のない遊びをしたかな。卵の硬い殻の中に薄皮あるじゃない？　あの薄皮を取り出して風船みたいにして遊んだり、「マシュマロを作ろう」みたいなことをやりましたね。

**山中** やっぱ、奈緒ちゃんのほうがスマートやな。あ、今日は公の場なので「成田さん」でいきましょう。僕のことは「山中君」でよいので。

**成田**　ありがとうございます。で、山中君はやっぱ、小さいときから化学、大好きだったんだね。将来の姿がすでに見えてますね。お母さんも、火の海にされたけど「科学の雑誌はもう買ってあげません」とはならなかった。息子の好きなことがちゃんと見えてらしたんだ。で、お母さん、そのときたまたま家にいたってことは、普段はいなかったの？

**山中**　両親は朝出かけたら夕方まで帰ってこないから、それまではほぼ僕ひとりでした。姉とは年齢が8歳離れていたから、家ではひとりで過ごすことが多かったかな。

**成田**　当時は専業主婦の家庭が多かったけど、今は共働きが多い。育った環境はいまどきの子どもだったんですね。

**山中**　そうやね。それに母はそんなに教育ママではなくて。**勉強しなさいと言われたこともなかった。日ごろから「なんでも自**

分でしなさい」と言ってたから、子どもの自主性を育てようとしてたのかな。

## 人生で父親の言うことを二つだけ聞いた

成田　お父様はどんなふうに接しておられたのかな？

山中　父親はミシンの部品をつくる工場を経営してて、小学3年生まで工場と同じところに住んでたから、学校から帰るとすぐ父と母のところに行ってたね。働く父の背中を見て育ったのは良かったと思う。作業服姿で黙々と手を動かしていた。小学4年生から高校までは家だけ別のところにあって。割と父親の仕事がうまくいってたみたいで、余裕があったんやろうね。ちょっと離れた住宅地に住んでいて、そこから父と母は通う。だから、僕は鍵っ子やった。

**成田** お姉さん、8歳離れてるんやもんね。高校生くらいになると自分のことで忙しい。

**山中** そうそう、だからだいたいひとり。父も基本的にはほったらかしだったかな。でも、父親が二つのことを言ってくれて、ひとつが、中学に入って柔道部に入ったことかな。当時の僕は背は高いんだけど、ガリガリに痩せてててヒョロヒョロやった。「こんなんじゃダメだから柔道やれ」と言われて、始めた。

**成田** 柔道やったせいでガニ股になった、って言うてたよね（笑）。で、もうひとつは？

**山中** 「医者になれ」やね。父親が仕事中のケガによる輸血が原因で病気になってね。みるみる体調が悪くなっていった。本来は長男の僕に会社を継いで欲しかったと思うんやけど、こう言われたんです。

**「伸弥は経営者に向いてへん。俺の跡は継がなくていいから医者になれ」**

僕は商売には全然向いてない、と言うわけです。ただ、学校の成績がたまたま良かったので「医学部行ったらどうだ？」と勧めてくれました。

**成田** お父様のなかに、ご自分のように病に侵された人を、息子に救ってほしいというお気持ちがあったのでしょうね。

**山中** そうだと思う。ケガをした日、母がいなくて父と二人きりだった。僕は高校生だったかな。作業中に小さな金属片が跳ねて父の足に当たってしまった。ズボンに小さい穴が開いていたんだけど、出血もない。大したことあらへんやろうと放っておいたら、夜になって39度の熱が出たの。金属片が骨に入って骨髄炎になっとってね。

成田　急変していく様子を、山中少年はずっと見ていたんだね。

山中　そうね。だから医学部と柔道部の二つは父の言うことをききました。

## 親が子どもの手を放すことが大事

成田　他は何も干渉されなかったんですか？

山中　うーん。高校のとき友達と「枯山水《かれさんすい》」というバンドを組みまして（笑）。そっちにかなりのめり込んじゃって、そのときは、さすがに父は怒ってましたけど。

成田　それにしても、商売は向いてへんって、見抜かれてたんですね。ビジネスより医学の道がいいというお父様の見立ては、正解だったのかも。

**山中** 会社の社長みたいな人の上に立つことはできへんと思ったんちゃうかな。それやのに、今は組織の長をやってる。一番向いてないことやってると思うんだよね。

**成田** いま務めていらっしゃる（京都大学iPS細胞*）研究所の所長は、社長みたいなものでしょう？　役職が人を作るとも言いますし。

**山中** 父親はね、僕が高校3年生ころから仕事がだいぶ大変になって、住んでいた家も手放すことになって。だから、僕は絶対浪人できなかった。工場に従業員さん用の部屋があって、僕が高校を卒業した後くらいにそこに引っ越すっていう話になっていた。これは絶対に大学に受かって下宿しなきゃダメだと思っていました。

**成田**　その話は、いつくらいに言われたの？

**山中**　高3の秋くらいに父親に言われたんです。いやいや、そんなら、もっとはよ言うてよって感じでした。僕は秋くらいまで（部活動の）柔道を続けていた。僕の計画としては「まあ一浪して、大学にはゆっくりいったらええか」くらいに思ってたんですね。ところが、そんなんではダメだとわかった。そこから必死に勉強したのを覚えてます。

**成田**　秋まで柔道続けて、それで医学部に入ったんですね。それ

---

**＊京都大学iPS細胞研究所**
2010年4月1日に設立された、京都大学が擁するiPS細胞（人工多能性幹細胞）の附置研究所。iPS細胞に関する基礎・応用研究を行い、「再生医療の実現に貢献する」ことを理念に掲げている。教職員と大学院生などを含めて約500人が所属。

**山中**　は、すごいわ。しかも塾にも通わずにでしょ。
**成田**　成田さんも塾に行かなかったんでしょ。
**山中**　いや、そうやけど。私、そんな時間を制約される部活動には入ってなかったもん。大学で柔道続けなかったの？
**成田**　神戸大学の医学部に入学して、最初は柔道部に入ったんだけど、結局、ケガをしてしまい大学2年で柔道部をやめてしまいました。
**山中**　お父様の希望もあって、柔道を始めたんだよね。やめるときは、お父様はどうだったの？
**成田**　もう二十歳になる年だし、何も言わへんよ。父もそのころは自分の事業や病気のことで精一杯やったと思う。
**山中**　そうなんだ。こうやってお話を聞くと、**親御さんがとてもしっかり見守ってくれてるし、いいかたちで手を放してます**

**ね。仕事の忙しさはもちろんあったかもしれないけれど、小さいときから親子の距離感が絶妙**だと思う。ご両親の子育てあってこその山中君だね。

**山中**　ええ〜、子育ての専門家にそういわれると嬉しい。

**成田**　いや本当にそう思います。例えば、高度成長期からずっと、多くの日本人がわが子に「こうなってほしい」というレールを敷いてきたと私は考えてます。そのレールから外れてしまうと心配で仕方がないから世話を焼く。平成、令和とさまざまなものが変化したのに、子育てだけが、昭和の時代から地続きなのかもしれません。

**山中**　そうなっちゃいますね。

**成田**　ところが、心配された子どもは「一番そばにいて自分をわかってくれているはずの親から、こんなに心配されている自分はダメな人間だ」って思っちゃう。心配されるってことは、信用されていないってことだから、子どもの自己肯定感はどんどん下がる。そう考えると、自分で選んだことを失敗しては立ち上がって続けて、自信をつけるほうが重要。「ほったらかし」は子育てに必要なんです。

## 「ほったらかし」が創造性を育む

**山中** なるほどなあ。そうなると、干渉されてきた人が今親になっている確率は高いってことだね。

**成田** そう。だから今、良い意味での「ほったらかし」をされてない若い子が多いと思います。

**山中** 僕は成田さんと違って、小さい子どもさんとか中高生とかと接する機会があまりないのですが、大学院生であったり、研究者のたまごである20代から30代前半くらいの若者が研究所にいっぱいいいてて。彼らにどんなふうに教育をしていったらいいのか。というか、接し方かなあ。僕だけじゃなく他の教授もみんな結構悩んでいます。

成田　そうでしょうね。

山中　僕もそうだったけど、結構他の教授たちも、ほとんどみんなほったらかされてたんですよ。学部生のときは違うと思うけど、**研究者になろうと思って大学院に入った後は手取り足取りとかそういう教育は一切なかった。「自分で何をやりたいかを考えろ」から始まって、次は「自分で見て（やり方を）盗め」などと言われてきました。論文を読み込んで、学んで、見て、盗め。そんな環境で、自ら創意工夫をして、**みんな何とかここまで来た。そういう感じなんです。

**成田** うんうん。私も研究者だった時代はそうかな。というか、何か教えてほしいとか思ったこともないというか……。

**山中** 僕も振り返ると、そんなに手取り足取り教わった記憶がありません。ある意味、自分のやりたいように、させてもらってました。そう考えると、先ほどの「自分で選んだことを、失敗しては立ち上がって続けて、自信をつけるほうが重要」というのがよくわかります。できるだけ口を出さないというか、自分で考えてやるのが一番いいというふうに思って当然というか。

**成田** なりますね。

**山中** ところが、僕らのこのやり方は、どうやら大学院生や若い研究者たちにはあまり歓迎されていないのかもしれません。研究所で「360度評価*」とか、いろんなことをやってるけれど、その結果を見ると「もっとちゃんと教えてほしい」という声は確かにある。全体的にも、そういう感じに変わっているのかなと感じています。

**成田** ああ、360度評価、広がっているんですね。

**山中** プロスポーツの世界とかもそんなところがあるような気がしますね。例えばプロ野球とかも、昔は自分で考えて自分の感覚でやってたのが、今はもう毎回きちんとビデオを撮って、系統だててアドバイスをもらうというか、指導法が変わっているように思える。だからやっぱり研究者の養成も、自分た

---

＊**360度評価（360度フィードバック）**
自身の行動について、上司にとどまらず、同僚、部下からも多面的なフィードバックをもらい主体的な気づきを得るための自己評価手順。

ちが受けた教育からは変えていかないとだめかもしれません。そのなかで、僕らがどこまで手を差し伸べるべきかっていうところで、常に迷ってます。

**成田** 教育のベーシックな部分での葛藤がある。

**山中** そうそう。教育学っていう領域があるくらいだから、小学生、中学生、高校生、大学生をどう教育するかとか、スポーツ選手をどう指導するかっていうのは、結構それ自体がもう学問になっているよね。そういうことを勉強している人がいると思うんです。でも、研究者をどう育てるかっていうことを研究している人を僕は知らない。そういう分野が、もしかしたらアメリカとかにはあるのかもしれないけど。

**成田** 研究されているとすると、ソフトよりハードの部分かな。

**山中** そうだね。研究室のデザインをどうやれば一番プロダクティビティ（生産性）が上がるかとか、そういうことをちゃんと研究している人はいます。だから、教育というかコミュニケーション法も研究されているかもしれない。そのあたり的確な情報が欲しいところですが、現状では、僕たち管理する側の裁量に任されています。

## 日本の研究者は自分のデスクから離れない

**成田**　オープンラボ*にすると、実際コミュニケーション頻度は高まると言われてますね。

*オープンラボ
一つひとつの研究室を閉じた空間にせず、壁や仕切りを取り払って、研究者同士で自由な議論をすることができる構造様式を指す。

**山中**　その通りです。京都大学iPS細胞研究所でも研究者同士の交流を促すためにオープンラボを取り入れています。僕が現在、自身の研究室を持っているアメリカのグラッドストーン研究所など海外のラボを参考にしました。

**成田**　私たち二人ともアメリカに行ってるので、少し日米の比較じゃないけどあちらで感じたことを話しましょうか。まず、私が留学したのはセントルイスのワシントン大学なんだけど、1フロアがオープンというか境目がないので、どの研究室にも自由に行き来して見学に行けました。かろうじてドアはあったんだけど、ごく普通に行ったり来たりするような感じだった。「許可なく入るな」みたいな構造ではない。

**山中**　ああ、いいですね。

**成田**　ところが、せっかくオープンなスペースにいるのに、**日本人**

**の研究者は自分のデスクというか持ち場から離れない**んです。（DNAを分離させる機器で）電気泳動するゲルと一日中、向かい合ってる。**アメリカの研究者たちは「ほんと、日本人はずっと同じところにいるね」とか「自分の研究しか興味ないよね」という評価**をしてましたね。

**山中** 他者に対する興味ね。そこがないと、外に向けて能動的に動けへんもんな。

**成田** そうなんだよ。国民性なのか人間性なのかよくわからないんだけど、「自由にいろんなものを見て自分に取り入れる」という意識というか文化に変えないと、ギャップを埋めるのは難しいかもしれない。これは私だけの見方かもしれないけど、ほっとかれずに管理されて育ってるから、アメリカの研究室みたいな「自由な雰囲気」に戸惑うんだと思う。そうなると、オープンラボは居心地が悪いから、自分の場所から動かず、コミュニケーションを閉じてしまう。

**山中**　クローズしちゃうんだ。オープンラボなのに。

**成田**　**研究って、何か答えを見つけるためにやるんだけど、その途中は「あれ？　なんでやろう？」「こうしたらどやろうか？」みたいな感じで、「問いを立てる力」が必要**だよね。あと、ありきたりだけど、自分で考える力も。そのためには、誰かに言われたとおりにするのではなく、自分からなんでも見てやろう、という姿勢が必要です。

**山中**　そこの重要性を伝えていくしかないんかなあ。

**成田**　学校や家庭の教育から変えないといけないよね。例えば家庭では、どうしても親御さんが思った方向に子どもを育てようとしてしまう。そこについてこれた子どもさんが知識としての学力を身につけ、難関校に合格するとしましょう。これが繰り返されると、クリエイティビティが無いとまでは言わないけど、それを身につける学生はかなり少なめになってきます。

**山中** **知識を吸収する力も大事だけど、その知識を使って何をするか、何を想像するかが求められている**と思います。

**成田** 文部科学省のいろんな改革があって、いまは自分で考えさせるとか、ＩＣＴ教育*とかいろんな先進的な教育ツールを入れてはいます。ただし、実際に授業を見に行くと、結局のとこ

---

**＊ＩＣＴ教育**
Information and Communication Technology。ＩＴ技術を使ってコミュニケーションをとる教育活動で、紙の教科書の代わりにパソコンやタブレットを使ったり、情報をクラス全員の端末に共有して発表などを行う。

ろシナリオに沿った授業っていうのが先生には求められていて、結論やその授業のまとめにたどり着かなくてはいけない。そうすると、そこにたどり着くために有効な意見だけを先生はピックアップしていくわけ。

**山中** 既定路線というか、教師側の想定内、みたいな。

**成田** そうなんです。それって、実験とか研究の世界とは、最も対岸にありません？　だから、私はもっと下の幼児教育からきちんと変えていくか、もしくは家庭教育から変えていかないと難しいと思う。

## 人間はほったらかされると自立する

**山中** ほっとかれても不安にならず、自分の頭で考えてクリエイティビティを発揮できる人間に育てるってことですか。

**成田** そうよ。それって、山中君そのものでは？　粘り強く研究し、自分の「好き」とか興味を貫いてきたんでしょ？

**山中** 浮き沈みはあったけどな。うつ状態にもなった。本当のうつ病ではないけど。でも、何とか周りの方々のおかげで立ち直れました。

**成田** 何でうつ状態になったの？

**山中** アメリカ留学から帰ってきたばかりで研究の環境が違ったというのもあるんだけど、一番は当時やってたマウスのES細胞*の研究が周囲に理解されなかったことが大きかった。周囲から「それも面白いけど、もうちょっと医学に役立つことをやったほうがいいのでは？」と、よく言われました。

**成田** なるほど。アドバイスした人は良かれと思って世話を焼いたんやろうけど。それで山中君が、ハイそうですかと研究を断念してたら、iPS細胞*は生まれなかったかもしれない。そういう意味でも、**研究は自由じゃなきゃダメよ。未知の世界に、誰も責任持てへん**でしょ。

ところで、どうやってうつ状態を脱したの？

**山中** ヒトES細胞の作製成功のニュースが飛び込んできたんです。ウィスコンシン大学のジェイムズ・トムソン教授が成功させたと。その翌年、奈良先端（奈良先端科学技術大学院大学）になんとか助教授（現在の准教授）として就職できた。それでなんとか復活できました。しかも、ノックアウトマウス*っていうのをほんまは自分だけでつくったことはなかったのに、面談で「つくれます」って言っちゃった。はったりです（笑）。

**成田**　図太いなあ。そこで、はったりかませるんやから。

**山中**　あそこは僕の人生でも大きなターニングポイントやったと思う。研究の道はもうあきらめて整形外科医に戻ろうと思ってたんやから。

**成田**　その崖っぷちで粘れたんは、山中君の好きを貫く強さという か、自己肯定感の高さが支えたんやと思う。山中君（の人

---

**＊ES細胞とiPS細胞**

ES細胞は、血液、神経、肝臓、膵臓といった全身の細胞を作り出すことができる細胞のこと。卵子が受精して分裂を始めたばかりの初期の胚から取り出した細胞を培養して得られる。一方のiPS細胞は受精卵から採取されるものではなく、血液や皮膚という誰もがすでに持っている細胞から作ることができる。ともに再生医療に応用できると注目されている。

**＊ノックアウトマウス**

特別な技法でつくる、遺伝子研究における重要なモデル生物。マウスの特定の遺伝子を不活性化させ、正常のマウスとの行動や状態を比較することで、その遺伝子の機能を推定することができる。

生）にレールを敷かずに好きなようにさせてくれた親御さんのおかげやね。

**山中**　まあ、自分自身というか、**やってきたことを信じようと思ったかな。**あと、最初のほうで**「自分のことは自分でやる」って話したように、ほったらかされるほうが、圧倒的に人は自立するよね。**

**成田**　うちの場合、娘が7歳のときに、夫が地方大学の教員に赴任したので母子2人暮らしになりました。私は大学で特別支援教育を専門に教鞭をとる傍ら、2つの病院で小児心理外来を受け持ち、児童相談所や発達障害者支援センター・福祉施設の嘱託医も務めてて。毎日忙しかったこともあるけど、自分で考えて自分で行動する生活を確立できるよう意識して育てたなあ。

**山中**　僕も、一時期、研究活動と医者のバイトで忙しく、育児に関われなかった時もあったなあ。

**成田**　娘が高校1年生くらいの頃に、腰痛になって病院に連れて行ったんだけど、どうしても診察終了まではいられないので「あとは自分で帰ってね」とタクシー代を渡して仕事に行ったの。でも、娘はタクシーなんてお金の無駄だと歩いて帰ったらしい。そのうえ、病院の先生にはひとりで来てえらいね、と丁寧に腰椎の解剖講義をしてもらって「得した」って言ってた。

**山中**　頼もしい娘さんや。

勉強しなさいと言われたこともなかった。日ごろから「なんでも自分でしなさい」と言われてたから、子どもの自主性を育てようとしてたのかな(山中)

研究者になろうと思って大学院に入った後は手取り足取りとかそういう教育は一切なかった。「自分で何をやりたいかを考えろ」から始まって、次は「自分で見て盗め」などと言われてきました。論文を読み込んで、学んで、見て、盗め。そんな環境で、自ら創意工夫をして(山中)

研究者っていうのは、多分ほっとかれないとクリエイティビティって生まれない(成田)

研究って、何か答えを見つけるためにやるんだけど、その途中は「あれ?なんでやろう?」「こうしたらどやろうか？」みたいな感じで、「問いを立てる力」が必要(成田)

知識を吸収する力も大事だけど、その知識を使って何をするか、何を想像するかが求められている(山中)

研究は自由じゃなきゃダメよ。未知の世界に、誰も責任持てへん(成田)

# 第二章

# 親子で「ええかっこしい」をやめる

## 子どもが一番認めてほしいのは自分の親

**成田**　そしたら今度は、私がどんなふうに育ったかをお話しさせていただきます。父は穏やかな人だったけど、ほとんど自宅にいませんでした。父親は多忙な病院勤務の小児科医、母親はいわゆる教育ママです。私らが小学校に入ったのが１９６９年。性別役割分担主義の時代だったしね。

**山中**　そうやね。今とは全然違ってたね。

**成田**　いろんなことがガチガチにルール決めされていた時代で、私は、小さいときから虫や生き物にしか興味がなくって、他のことにはめっちゃ不注意な子だったの。いわば「育てにくい子」ね。授業中はぼうっと外を見てたり関係ない本を読んでたり。体育の時間は「前にならえ」ができない不器用な子。毎日忘れ物も大量やった。転校を4回して、そのたびにいじめられた。教科書を隠されたり、消しゴムとか鉛筆がなくなってね。遊具から落とされて歯を折ったこともあったな。まあ、ちょっとした偏りが目立つ子です。今ならおそらくＡＤＨＤ（注意欠如・多動症）と診断されそうな……。

**山中**　歯が折れるって……ひどいな。

**成田**　で、その私のちょっとした偏りを世の中で一番許せへん人が、実の母親だったの。母は結婚前まで臨床心理士だったから、勝手に自分の娘に知能テストとかやっちゃうわけ。すると、テストでは高得点を出すのに、さっき言ったみたいに「普通」のことがまったくできない。母の望む子ども像に、私は当てはまらなかった。だから、いつも母親をいら立たせてたんだよね。

**山中**　そのあたり、成田さんのことが書かれた雑誌の記事（ＡＥＲＡ「現代の肖像」）を読んだけど、僕はものすごくショックやった。そんなこと、全然知らんかったから。

**成田**　テストで１００点取っても、よく頑張ったねとか褒められたこともないし、抱きしめられたり、頭をなでられたりとかっていう、どこの母親でもやるようなスキンシップは一度もなかったね。いわば、心理的虐待やね。ずっと完全否定されてた。それで母親に認められたい一心で勉強、頑張ったんだよね。塾に通わずに高偏差値の名門中学に合格したけど、「おめでとう」とも言われずそのまま寮に入った。でも、子どもが一番認めてほしいのは自分の親だよね。うちのお母さんなんて！　って嫌いになれたら楽なんだけど、そこが子どもという立場のつらさやね。

**山中**　50年近く前の話やもんな。お母さんはもちろん、医者にさえ知識はなかったよね。

**成田**　そう、そこやねん。こういう子どもたちの概念や理解の仕方、かかわり方がまだまったくなかった時代やったでしょ。当時の人たちに認識としてあったのは、さっき言った知能テストみたいな知的なものだけ。でも、自分の娘はそこの成績は良い。なんだろう？　何が悪いんだろう？　何が足らないんだろうと一向にわからない。

**山中**　人は、自分がわからないことや理解できへんことに対して不安になるわなあ。しかも、わが子の身の上に起きてることやったら、なおさら心配になる。お母さんも追い詰められたんやろうね。

成田　そうだと思う。こうやってその分野が専門の医者になってみて、母親の狼狽というか、焦りが手に取るようにわかる。**今、初めてお会いする患者さんの親御さんは、皆さんうちの母親と様子がそっくりやもんね。あの時代、娘のつらさに寄り添うのは難しかったと思う。**

山中　そんなふうに言えるなんてすごいな。

成田　母親の立場がわかるって言ったけど、**子どもの立場にもなれるんだよね。他の子と少し違うがゆえに、生きづらさを抱えている子どもたちの気持ちがわかる。医者として学んだ知識だけでなく、当事者として実感していることなので。**

山中　中学生になっても生きづらさは続いたんだ。

成田　そうだね。中学受験をクリアしたけど、母からは褒めてもらえなかった。

## 15歳という年齢で私のすべてがほぼつくられた

**山中**　神戸女学院でしょ？　あそこは超難しい。どんな中学校生活やったの？

**成田**　いろいろあって中2で寮を出たんだけど、そうすると毎日1時間半くらいかけて電車で通う生活になった。母親との葛藤は抱えたままだったね。気持ちが落ちてるから、しょっちゅう身体の調子が悪くなった。朝起きると、本当に気持ちが悪くて。でも、言っても学校を休ませてもらえなくて、無理して行ったよね。ひと駅ごとに下車して、駅のベンチで休んで。次の電車に乗っては、また次の駅までの間に気持ち悪くなって降りる、みたいな。今思えば、重めの自律神経失調症だったね。

**山中**　……それでよく通ったね。

**成田**　絶対行くんだ、という自分の気持ちが強かったんだと思う。

**山中**　学校は楽しかったんだ。

**成田**　まあ楽しかった。それが救いだった。

**山中**　僕も学校は楽しかったな。

**成田**　なんかね、15歳という年齢で、私のすべてがほぼつくられたと思ってるの。あの当時ちょうど『大草原の小さな家』っていうドラマが流行っていて、アメリカにすごく憧れた。それで英語が好きになって。学校も英語教育は熱心だったから、『大草原の小さな家』の原作も原書で読んで英語でドラマを見た。

**山中**　原書で！　僕なんていまだに英語を勉強してるんだけど、成田さんはアメリカに留学したときも英語でほとんど苦労しなかったって、雑誌の記事で読んだよ。神戸女学院の教育、すごいな。

**成田** いやいや。今となっては、学校に行けなくなる子のこころや身体の状態がわかるのは、あのとき経験したからだと思う。子どもが「学校に行こうとしても吐き気がして行けません、お腹が痛くなって行けません」と訴えても、大人たちは大概「それは甘えです」って言いますからね。相談に来た子に「うんうん、痛いよね。わかるよ」と共感すると、みんなホッとしたような顔をします。

**山中** お母さんの看護や家事をしながら大学受験の勉強をしたんですよね。

**成田** そうなんだよね。高校1年のときだったかな。母が白血病になって長期入院してしまったので、必死にやっていました。学校帰りに病院によって洗濯物持ち帰って洗濯して料理作って。でも、それで大学合格したら今度こそ母が認めてくれるかなと考えて、なんとか頑張れたような気がする。実の親だもん。大好きでしょう？　それなのに、好きになってもらえない。だから頑張る。嫌いになれたら楽なんだろうけど、そこが子どものつらいところだよね。

**山中**　大学に入ってからも看護してたんだってね。

**成田**　うん。その後、母はあろうことかクモ膜下出血を併発してしまって。最後は10年間、寝たきりだった。父が一生懸命面倒を見ていた姿は、複雑な心境でもあり心打たれる記憶でもあります。

## 「こころ」が入っていない「家庭」という箱

**山中** お父様は小児科医だったよね。一度、大学のグループ勉強会か何かを成田さんの家でやることになって呼んでもらったことがあったと記憶してます。とても素敵なお家だった。お父様が小児科だったから、同じように小児科医に絶対なるんだろうなって思ってた。確かその当時からそう言ってたよね。

**成田** 父はとても頭のいい人だったと思います。基本的に、私に対して怒鳴ったりするようなことはしなかった。ただ、母ほどではないけれど、信頼されたとか認められたとは感じなかったかな。知識の塊の人なので、「そんなことも知らないの？」っていつも言われてたし。

**山中** そうなんだ……。

**成田** 父は若いころ、結核で10年もの間療養していた人で。そのせいで、同級生から10年遅れて大学の医学部に入ったと聞いてます。何もかもが几帳面で、きちんとしていた。そのあたりは母と同じかな。だから、小さいときにいろんなことができなかった私と距離を置いてた気がする。ひどく叱られたことはないけど、褒められたことはないし、認められたこともない。

**山中** そんな感じのご家庭にはまったく見えなかった。実家はお医者さんだし、成田さんは見た目もすごく女子力が高くて。言い方は適切かどうかわからないけど、僕からすると典型的なお嬢様に映っていた。お母さんとの葛藤であったり、毎日のつらさみたいなものには全然気づかなかった。実習とか一緒にしてたのに。衝撃的ですよ。オレ何やってたんだろうという感じ。本当に僕は人をみる目がないというか、節穴だったなあって思うよ。

成田　いえいえ。私がどうしても山中君やほかのみんなに、自分の家庭とか、ありのままの自分を伝えられなかった。言えなかったんだよね。ええかっこしいというか、虚勢を張ってたんだと思う。

**今思うと、うちの家庭そのものが虚勢で覆われていたというか、「こころ」が入っていない「家庭」という箱だけだったように思います。**

山中　…………。

成田　父親もそれなりに苦労や葛藤、いろんな痛みを感じていたと思うんだよね。10年間も結核で病んで大学に行けなかったのに28か29歳くらいで医学部に入って、同級の方々より10年遅れで卒業したわけで。そこはすごく偉いなと思います。開業してからは仕事ぶりを間近で見てきたから、小児科医として父のことは尊敬してるんです。

**山中** そうだよね。小児科医を選んだのは、お父さんの影響だよね。いいお仕事をされていたから。

## 親に本音を言えない子どもが山のようにいる

**成田** うん。でもやっぱり両親の仲は、ね。いい状態ではなかった。昭和の時代のことなので、離婚は社会的にはまだまだタブーだった。結婚したらどんなことがあっても家庭を維持し続ける、みたいな価値観が残っていたのは、不幸だったと思う。家族のかたちを整えないといけなかった時代だった。しかも、母は結婚してから働いていないし、どうしようもなかったんだろうと思います。

**山中**　難しいね。

**成田**　その視点で見ると、いま私がみている患者さんの家庭もほぼほぼ同じような状態なのね。少しずつ内情を聞いていくと、それがわかる。半世紀以上経過しているのに、変わっていないんです。

**子どもたちは、自分の本音を絶対に出せない。思っていることを表に出せない。親に自分の本心を伝えられない。でも、そこをほぐしてあげて、親に自分のありのままを出せるようになったとき、初めて子どもたちは解放されるんですね。**

みなさん表向きは整った家庭なんですけど、そんな子どもたちが山のようにいるんですよ、山中君、今の世の中には。

**山中**　そうなんですね。成田さんも出さなかった、隠してたって言ってたね。

**成田**　まだ、自分を開ける時期ではなかったんだと思います。今は本当に素の自分を出せる。誰に対してでもないけれど、ちょっと近い人たちには全部話せるようになった。

**山中**　いやいや。当時もめっちゃ自然体に見えたよ。

**成田**　そっかあ。うまいこと騙してたんや。今振り返ると、父は医者として、母は母親として世間体を保つことに一生懸命だったんだと思うの。だから、めっちゃしんどかったと思う。子どもの私もしんどかった。「ええかっこしい」は、親も子もしんどいのよ。しんどいことを乗り越えて強くなるって日本人は考えがちだけど、ええかっこしいのしんどさを乗り越えるには、それをやめるしかないよね。

**山中**　わかる気がするな。開き直って自然体でいるほうが楽なんだけど、そうもいかないっていう感覚もわかる気がする。

## 自己肯定感は大人になってからでは高まらない

**成田**　実をいうと、私はいまも細々だけど臨床研究をしてて。今取り組んでいるのは、発達障害のある方たちなど向けの脳トレ。それを本来の脳トレにはない目的に使う研究なんです。脳波を測りながら脳トレを繰り返し、毎回「今日はこんな結果だったけど前回よりここが上がっている」とか「次はリラックスを心掛けてもっと上げよう」といった教育的な介入支援をします。そのことによって、脳の使い方や脳波の分布変化を見ると同時に、逆境というかピンチを乗り越える力がどれだけ上がるかを調べています。

**山中**　ほほう、そうなんや。

**成田**　2019年くらいからかな。科研費をいただいて行っています。発達障害のある方は、乗り越え力と言われる「レジリエンス」が低い方が多いので、その理由を脳科学的に探って対策を立てようということで。このレジリエンスについては後（第五章）で深掘りしたいと思いますが、その力の高さを調べる「質問紙」があって、それを使うんです。

**山中**　どんなことがわかるの？

**成田**　**実は、乗り越える力って、「自己肯定感」「社会性」「ソーシャルサポート」という3つのパーツからできてるの。例えば**

**発達障害の方は周りに理解されにくいため、自己肯定感が低いことが多い。ですが、それに加えて、そもそも発達障害は社会相互作用の障害なので社会性も同様に低い場合が多いです。周りの人と関係性を上手く保てるかどうかという部分ですね。そして、最後のソーシャルサポートというのは「周りの人に助けられてるっていうことを実感する力」になります。つまり、「おかげさま」と思える力。これが3番目の要素になるの。**

山中　なるほど。3つの要素で点数化されるんやね。

成田　そうなの。その3つが相まって評価されるんですが、発達障害の方はソーシャルサポートの部分、「私は誰かに支えられていることを実感していますよ」の点数も低いことが多いのです。

**山中**　そうなんだ。障害がある方にはそこを強く実感してもらえる社会でないとあかんのに……。

**成田**　おっしゃる通り。ところが、そういう方たちに何回か私たちのところに来てもらって脳トレをやる。そこで「お、ほら見て。前よりこんなにストレス脳波が下がったじゃん。じゃあ次回はちょっと深呼吸しながらやろう」みたいなことをやって、10回前後くらいトレーニングすると、脳の使い方も良くなって、脳波の分布も正答率の数値もぐっと良くなるんだよ。**レジリエンス得点も上がったのですが、中でも「おかげさま」と思える力、ソーシャルサポートの点数が一番上がったんです。**

**山中**　すごいなあ。そんなことがちゃんと証明されているんだね。

**成田**　一方で、レジリエンスのもう1つのパーツである**自己肯定感**

**はトレーニングしても、そこまで上がらないんです。自分なんてだめだと感じてしまう気持ちは、なかなか変えられない。社会性も同様に特性でもあるので上げるのはやや難しい。**でもね、3つの要素のうち1つでも上げられれば全体のレジリエンスの得点は上がるんです。それで、彼らの社会の中での生きづらさを解消できれば、とても貢献できるのではないかと思って研究を続けています。

**山中**　**僕はひとりじゃない。誰かからサポートされている、助けてもらっているっていう認識は、成田さんたちが介入して支援することで色濃くなる**んですね。

**成田**　**実験によって、「教育的な介入支援」っていうのが大事なんですよっていう結論が出た**のは大きいです。教育効果もありつつ、レジリエンスも上げられる、なかなか優秀なトレーニングだと思ってます。まだまだ小規模なデータなんで、少しずつ事例を増やそうと、コロナで実験ができにくいなか頑張っています。

**山中** 面白い。実験をしてて、狙ったこと以外に何か実証されたりすると、ウキウキしませんか？

**成田** するする。50歳超えてもウキウキできます。

## 「助けて」を言える子に育てる

**山中** それにしても、成田さんが教えてくれた3要素（自己肯定感・社会性・ソーシャルサポート）は、一般の人たち、僕らにも足らないものがあったりする。

**成田** そうなんです。**それをみなさんに意識してほしいと思います。特に、大人になってからでは高まりづらい自己肯定感ね。**それと、障害者でも健常者でも必要なのが「自立」なの。自立って「自分で立つ」と書くよね。自立するっていうのはどういうこと？　って尋ねると「何でも自分でできることです」って答える人が多い。特に一般の親御さんはそれを子どもに望むというか、自分でお金を稼いで、家賃を払って生活できることが自立だって考えているようです。

**山中** 僕らが子どもに「手に職をつけて自分で飯を食える大人になれ」と望むのと一緒だよね。

**成田** ところが、障害のある方から言わせると、そもそも普通にできないことが多いわけだからそんなの絶対無理だと。じゃあ**「自立って何ですか？」って尋ねると、「自分ができないこと**

**をちゃんと理解して、誰かに『助けて』って言えること」とおっしゃるの。**

**山中**　なるほど。**障害がなくても「できないこと」はあるし、「できない時」もあるよね。僕らみんな常に心も体も元気だとは限らない。**

**成田**　そんなふうに共感してもらえて嬉しいです。私は、その**「助けてと言えることが自立である」**っていう言葉に、とても感銘を受けました。

**山中**　僕もです。共感するなあ。

**成田**　発達障害などの子どもたちの親御さんにも話すんやけど、何でも自分でできるなんてことはこの世の中で絶対ありえへんよ、と。全部自分で背負ってしまって、自分で解決しなきゃって思わなくていい。

**できないときは「助けてー」って周りの人に言えばいいのよ。それなのに、「ええかっこしい症候群」があると、ヘルプ・ミーを言えない。つまり、「ええかっこしい」は、ピンチに陥ったとき、人間のマイナス要因になるんです。**

**山中**　いやあ、勉強になります。

**成田**　もちろん自分で解決方法を思いついて行動できれば、それが一番ベストな方法だとは思います。でも、すべて自助なんて無理なんです。限界がある。いま、コロナで経済的にだったり、精神的にもつらい人って少なくない。ぜひ「助けて」って声を出して、周りを頼ってほしい。

**山中**　**ええかっこしない人のほうが「ちょっと手を貸してくれへんか？」って言えて、そこをきっかけにまた成長できるんやろうね。**

**成田**　そうそう。常にええかっこしようとすると、ネガティブな事実や課題と向き合えない。すると、課題解決できなくなっちゃう。ヘルプを頼めるのは、人が生きてゆく力のひとつなのに。例えば、山中君はラグビーというチームスポーツをしていましたよね。そこでも実感できたんじゃないかな？

**山中**　そうですね。特にラグビーは15人と大人数でやるから。大きく分けるとフォワードとバックスって二つのグループがあって、それぞれ役割分担があります。

**成田**　山中君はどっちなの？

**山中**　僕はフォワード。第二列のロックっていうポジション。

**成田**　響きはかっこいいね。

## 「助けて」が言えるチームは強い

**山中　そのフォワードとバックスの2グループは、試合で劣勢になると仲が悪くなることがあります。お互いに、「負けてるのはそっちのせいだ」という感じで。ところが、歯車がかみ合って勝ちだすと、仲が良くなってくる。**

成田　仲良くなると、助け合いが始まる。

山中　その通り。フォワードが押されても、素早い球出しでバックスがアタックしてトライを決めてくれると「助かった、ありがとう」っていう気持ちになる。バックスでミスがあっても、次のスクラムで押して挽回したるぞ、カバーしたるぞと思うわけです。

**成田**　ふーん。やっぱりスポーツで学べることは多いね。家庭生活も仕事も結局はチームやし、役割分担もある。

**山中**　今、僕たちは患者さんに移植するためのiPS細胞を作ってて、その作業は、細胞を作るグループと、その細胞を評価するグループ、場所を管理するグループと、概ね3つくらいの集団で行います。**グループでの連携がうまくいっているときはコミュニケーションもとれるけど、例えば、良い細胞ができなかったりすると、つまり結果が伴わなくなると互いに相手を責め合うようになってしまう。**

**成田**　人も組織も、ピンチのときに真価が問われます。

**山中**　ほんとに。**うまくいかないとき、どうやってフォローしあえるか。素直に「助けて」って言える感覚が大事**だと思う。そのところが、チームの分かれめです。ラグビー部の場合、

成田　僕たちの代は強いチームにはなれへんかったけど、後輩は西日本の医学部の大会で優勝したりして強くなった。

山中　先輩たちを反面教師に……。

ラグビーでも、今の研究でも、チーム内でどれだけ密にコミュニケーションをとってるかだよね。自分からコミュニケーションをとりにいけるかどうか。もし、そういうのが苦手な人がおったら、周りがどうカバーしてこころを開かせてあげられるか。そこやろうね。面倒やとか、照れくさいとか、言わんでもわかるやろうとなると、なかなかわかり合えない。そこをスルーして突き進んでしまうと、よく言われるコミュニケーションミスというのが生まれるんです。

## 言ったつもり、わかったつもりが失敗を招く

**成田** 言ったつもり、わかったつもりが、結構大ごとになる場合は少なくありませんよね。「たぶん大丈夫とは思うけど、最後確認させて」っていうのが大事。「そういえば別件のあのことですが、私こう思うんですけど」って、何か違う話から発展させるとうまくいったり。コミュニケーションは本当に大事ですね。

**山中** その点、アメリカの組織はコミュニケーション力がすごいです。僕、いまアメリカでも活動していて。コロナでもう1年以上行けていないのですが、あの**ポジティブなコミュニケーションが懐かしいです。お互いをとことん称え合う。「良く**

**やった」「あんた、すごいね」って。**日本だと普段何も言わないのに、失敗したときだけ「何やってんの?」って口出ししがちでしょ?

**成田** そうなると**言われたほうは「はあ? 普段何にもおっしゃらないのに、何ですか?」ってなりますね。アメリカは、Thank you for everyone とか、All of you とか、あるいは「誰々のおかげで」って名指しで感謝を口にする**よね。花束買ってきたり、プレゼント贈ることもするし。

**山中** **心の中で常に感謝していても、やっぱり言葉にしないと伝わらない。僕の研究所でも普段から、感謝を伝えるようにしています。**

**成田** 子育てもそんな空気感でやれると、子どもは幸せだと思うな。両親の不仲が子どもに与える影響は、大人が思っているよりも相当大きいです。私自身がそうだったから余計わかる。

**山中** そうやなあ。

**成田** 詳しいことは存じ上げませんが、**山中君もうつ状態になったとき、周囲にSOSを出せたから解決できたのかな。助けてくれへん？　手え貸してくれへん？　って言える力があったってことでしょう。それは、何があってもご両親やご家族が自分を助けてくれるという安心感があったんだ**と思うのよ。

**山中** それはあったかな。実際、僕が研究に追われてたから、家族には本当に支えてもらっていたよ。

**成田** そこやん。**「助けて」を言える力を育てるには、「いつでも助けるよ。大丈夫だよ」って周囲が伝えることです。SOSは恥ずかしいことじゃない。あんた、ひとりで生きてるんとち**

ゃうで！　って伝えなくてはいけません。

## 職種や学歴より「人」が大事

山中　僕がどう育てられたかというテーマのときにお話ししましたが、僕自身が「まあ、そこそこでいいんじゃないの？」っていうところがあって。娘二人とも結局は医者になりましたが、医学部を受験するときも、そんなに必死になって勉強して、すごくいい大学に行かなくてもいいんじゃないの？っていう感じで見てましたね。娘たちに対して「入れるところに入ったらいいやん」っていう感じで。いい大学じゃないとだめとか、全然なかった。

成田　山中君自身もそうだったしね。ええかっこしない子育て、できてるやん。

山中　もうひとつ、自分が医者になって、いろんな人たちと出会った経験から得た結論というか、見方というか、そんなものも影響してるかな。医者は、病気を診るんじゃなくて、人間を観るものですよね。そうすると、お医者さんというのは、別に卒業した大学で決まらないなっていうのはすごく思う。

成田　激しく同意します。

山中　17歳とか18歳って、めっちゃいろんなもんを吸収する時期じゃないですか。そのとき自分が熱中しているものとか、譲れない何かを犠牲にしてまで必死で勉強する必要なんか、全然感じなかった。僕自身がね。だから、子どもにもあんまり無理させたくなかった。

成田　わかる、わかる。うちもそのあたりは同じだな。

**山中**　クラブ（部活動）とかも一生懸命やって、それで入れる大学があったらそれでいいし、それでダメだったら別に他の道もあるやん、と。ただし、手に職をつけてほしいというのはすごく思いましたね。自分の娘が、旦那さんだけが頼りという状況にはなってほしくないので。

**成田**　私もまったく同じ。手に職をつけるというのは同じ考えです。娘に「絶対に必要だよ」とは言ったんですけど、「それが医者である必要はない」とも伝えました。たまたま、うちは私も夫も医者だけど「だからと言って、子どもが医者にならなくてはいけないというのはまったくないよ」と。私は、仕事で知り合った心理士とか、社会福祉士、教員などいろんな職業の方たちのなかに、「この人、素晴らしい！」って思う方がたくさんいらっしゃる。そういう方たちを見ていると、やっている職種とかじゃなくて「人」だって思うので。

## 「ありがとう」と「ごめんなさい」が言えるように

山中　よくわかります。

成田　**「ありがとう」と「ごめんなさい」がきっちり言えて、人に寄り添えて、人の心をきちんと読みとれる人になれたら、どんな職業になっても絶対成功していく。そう思っていたので、それを娘に繰り返し伝えました。**浪人した時点で、「医学部はお母さんの時代とはけた違いに難しくなってるし、医学部に行けだなんて両親ともまったく考えていない。自分が何を学びたいかよく考えて」と言ったら、3日くらい経ってから娘がこう言ったんです。

「心理も興味があって勉強したい。あと英語が好きだから海外で国際的な仕事もやりたい。いつかは海外に住みたい。ただ、それは医師免許をとってからでもできるような気がするから、やっぱり医学部を受験させてください」って。

**山中** やりたいことがたくさんある、っていうのはいいよね。娘さんなりに、考えたんだね。まあ、手に職は絶対につけてほしいんですけど、別に医者じゃなくてもいっぱいありますからね。

**成田** そうですね。女子は一般職しかありませんよ、なんて言われていた私たちの時代に比べれば、選択肢はぐっと増えているし。親が過度に体裁を気にしなければ、子どもは自由に道を選べる。

**山中** **そうそう。親も子も、ええかっこして生きる必要はまったく**

ないと思います。

## 憶えておきたい金言・名言

子どもたちは、自分の本音を絶対に出せない。思っていることを表に出せない。親に自分の本心を伝えられない。でも、そこをほぐしてあげて、親に自分のありのままを出せるようになったとき、初めて子どもたちは解放されるんですね(成田)

乗り越える力って、「自己肯定感」「社会性」「ソーシャルサポート」という3つのパーツからできてるの。最後のソーシャルサポートというのは「周りの人に助けられてるっていうことを実感する力」になります。つまり、「おかげさま」と思える力。これが3番目の要素になる(成田)

自己肯定感はトレーニングしても、そこまで上がらない。自分なんてだめだと感じてしまう気持ちは、なかなか変えられない(成田)

障害がなくても「できないこと」はあるし、「できない時」もあるよね。僕らみんな常に心も体も元気だとは限らない(山中)

「助けてと言えることが自立である」っていう言葉に、とても感銘を受けました(成田)

できないときは「助けてー」って周りの人に言えばいいのよ。それなのに、「ええかっこしい症候群」があると、ヘルプ・ミーを言えない。つまり、「ええかっこしい」は、ピンチに陥ったとき、人間のマイナス要因になるんです(成田)

ええかっこしない人のほうが「ちょっと手えを貸してくれへんか?」って言えて、そこをきっかけにまた成長できるんやろうね(山中)

医者は、病気を診るんじゃなくて、人間を観るものですよね。そうすると、お医者さんというのは、別に卒業した大学で決まらないなっていうのはすごく思う(山中)

# 第三章

# 良い習慣が脳を育てる

## 早寝早起き朝ごはんがすべての基本

**成田**　山中君は小さいとき、家にひとりで寂しくなかった？

**山中**　あまり寂しいとは感じなかったね。小学3年生までは両親が働く町工場と同じ建物に住んでたしね。それに、夕方になると母親は家に帰ってきて、夕ごはんを作ってくれた。栄養のことをよく考えてくれていたと思う。中学から柔道を始めたから、体力も消耗する。しっかり栄養のある食事を工夫してくれたよね。

**成田**　なるほど。食事は、重要なんだよ。きちんとお腹を空かせて食事を摂って満足することは、間脳や延髄の中枢をきちんと刺激するので、基本的な情動がコントロールされやすくなります。空腹だとついイライラしてしまう案件でも、満足な食事の後なら余裕の笑顔で対処できたりするでしょう。

**山中** なるほど、そうなんや。僕ね、実は好き嫌いが多くて魚や野菜が苦手やったの。母が野菜を工夫して食べやすくしてくれました。

**成田** 小さいときに好き嫌いがあるのは当たり前だけれども、食欲が起きて食べる、食べて満足する、を繰り返すことで味覚の分化が起こり、さらに「知識」として「これは体にいい」とか「これはすごく長い時間煮込んで作る」なんていう情報が加味されることで少しずつ受容できる範囲が広がるよね。

**山中** 母は5年くらい前に他界しましたが、今でも「母の味」が懐かしいです。

**成田** **早寝早起きさせているし、食事も丁寧につくっていらっしゃ**

**る。こころも体も丈夫に育ったのは、お母さんのおかげだね。**そう考えると、うちの母親も、悪いところばっかりでもないんだよ。

**山中**　というのは？

**成田**　**一番は、「早寝早起き朝ごはん」。幼児期から夜は8時に寝かされて、朝は5時、6時起き。この習慣をきちんとつけてもらったからこそ、確実に脳が育ったと思う。だからこそ、小学校から大学まであれだけの心理的ストレスがありながら、こころが壊れなかったのだろうと思います。**

**山中**　成田さんが小児科医になって、子どもの脳について研究したからこそ実感するところやね。

**成田**　そうね。そこはもう本当に感謝です。すごく生真面目な人だったから、大事な習慣をつけてもらえました。

コラム

## 早寝早起き朝ごはんが重要な理由

脳を動かすために必要なものは、酸素とブドウ糖とアミノ酸。この3つが基本です。血液の流れから供給される酸素以外、〝ブドウ糖〟と〝アミノ酸〟の二つは食べ物から摂取します。したがって、午前中に脳を働かせるには、朝食をとることが必須なのです。

脳を働かせるためには食べなくてはなりませんが、逆に「食べるためには脳を働かせること」も必要です。「うちの子、朝ごはんを食べてくれません」という声をよく聞きますが、「食べたい」の意思は心が支配しているので、「おなかが空いた」という信号を脳がきちんと受け取らなくてはいけません。この「おなかが空いた」を認識する食欲中枢を働かせるためには、セロトニンという不安抑制に働く脳内物質が欠かせません。

そして、そのセロトニンを分泌させる一番の条件が、早寝早起きです。睡眠は長時間とればよいのではなく、眠る時間帯が重要です。夜10時〜朝8時の10時間より、夜8時〜朝6時のほうがセロトニンをきちんと取り込めます。小学生なら9時までには寝たほうがいいでしょう。「しっかり食べるから働く⇕きちんと働くから食べる」。脳と朝ごはんには密接な相互関係があるのです。

## 「脳が育つ順番」を知っておく

**山中**　大人になってもずっとしぶとくタフに生きてくために

は、身体的な健康が必要だろうなと思う。人それぞれ整え方があるんだろうけど。それでいうと、成田さんがずっと提唱している早寝早起き朝ごはんは重要な要素ですよ。僕なんか朝ごはん食べないと動けへんけどなあ。抜いちゃう人も多いんだろうね。

**成田** 山中君が実感してる「朝ごはんを食べないと動けへん」は、体というより脳のほうが先だと思います。体を動かすにも、脳から「山中さん、動け～」って信号を送るので、頭がスッキリ元気になった状態にしなきゃ。そのためには朝ごはんを食べなくてはいけません。「脳は食べ物で動く」ことを知ってほしい。

**山中** 朝は必ず食べてるよ。

**成田** 「ごく普通の暮らし」やね。特に子ども時代は、**早寝早起き**

朝ごはんによって脳とこころとからだのバランスを維持できます。なぜなら、脳は体の機能、情動、自律神経などの働きをつかさどる「古い脳」ができてから、記憶や思考、情感をつかさどる「新しい脳」が発達し始める。最後に適切なコミュニケーションに欠かせない「前頭葉」が育つという順番があるんです。

山中　脳が育つのにも順番があるんや。

成田　ところが、夜更かししたりしてベースになる古い脳を育てないまま、塾とか習い事等々で新しい脳を育てるところに走っちゃうと、バランスが崩れてしまうの。子どもは早寝早起きさせて、ちゃんと朝ごはんを食べさせていればすべてうまくいくんです。

山中　そこ、言い切るんですね。

**成田**　断言できます。それでみんな調子が良くなってるから。コロナ禍になっても、私のところ（子育て科学アクシス）に来ている子どもたちは休校中でも早寝早起き朝ごはんを継続しています。そうすることで、コロナ疲れとか心身の不具合を解消できました。つまり、エビデンスがいっぱいあるんです。その意味では、山中君も、早寝早起き朝ごはんが脳を育てたという大きなエビデンスですし。

**山中**　いや、僕で良ければエビデンスにしてください。小さいころから基本、早起きですね。今でも睡眠は非常に大切にしています。**よく「山中先生は忙しいだろうから、睡眠は3時間くらいですか？」って言われるのですが、そんなのホントあり得へんから。7時間か8時間、できるだけ眠る**ようにしています。そうしないとつらいでしょう。**つらいなあって思いな**

**がら仕事しってても、効率は上がらない。それこそ不機嫌な顔になって周囲に迷惑をかけてしまう。**

成田　すでに話しましたけど、私自身、早寝早起きが絶対にいいんだと実感しています。長い間、自分の自律神経の数値をとり続けていますが、中学時代の具合の悪さが嘘のように、今はすごく良くなってる。ひたすら生活リズムを整えてきたおかげです。それがあるから、すべて前向きに考えられるんだと思う。

## 山中教授の「規則正しい生活」

山中　いつも何時に寝て、何時に起きてるの？

成田　9時ごろに寝て、4時ごろ起きるかな。山中君、今朝4時半にメールくださったの、あれは起床時刻があの時刻なの？それともずっと起きてたの？

**山中**　いやいや、4時ごろ目が覚めて、とりあえず忘れない間にメールしておこうと思って。あのあとまた寝ちゃった。6時過ぎに起きたかな。

**成田**　コロナ前まではアメリカにしょっちゅう行ってらしたでしょ？　時差もあるし、睡眠時間の確保が大変だったのでは？

**山中**　この13年間くらい、アメリカと行き来してました。月に最低1回はサンフランシスコに行って、多いときは月2回行って。その間にヨーロッパに行ったり。だから睡眠は大切にしたいと思いつつ、かなりチャレンジングな日々を送ってました。時差との戦いというかね。いまは行けないので、いろいろ難しいです。

**成田** あと、山中君、走るのも続けてるんだってね。

**山中** 走るのは、もうずっとやってるかな。特にこのコロナで、こころも体も整えるためにも、やっぱり走るってことは非常に大切にしています。ただ、マラソン大会がなかなかないから。この、目標のない日々っていうのが結構大変なんだけど。

**成田** 平均でどのくらい走るの?

**山中** 一日平均1時間は最低走ってるかな。距離でいうと十数キロ。

**成田** すごいなァ。私は歩くしかできない。でも大学生のころよりかは、ずっとよく歩いてるかな。運動してますよ。ただ、絶対走れへんけど。

**山中** 走らなくていいんです。歩くのがいいと思うよ。

**成田** あ、トライアスロンとかもやってませんでした？

**山中** うん。医学部の6回生とか、研修医のときにやっていましたね。

**成田** やってた、やってた。何が楽しいんだ？ と思ってたけど。

**山中** 走ってるときは苦しいねん。二度とやるかと思うときもあるし（笑）。けどなあ。終わった後の達成感かなあ。あとは何かなあ。もう習慣化しています。

**成田** それぞれ。良い習慣。子育ても。**親がしてあげられるのは、どれだけ良い習慣をつけてあげられるかですから。**

**山中** 僕はいろいろ良い習慣をつけてもらったなあ。何？ って言われても、すぐに出てこんけども。

**成田** 早寝早起き。他者への感謝。他人のせいにしない。自分で考える、とかもちゃう？

**山中**　そうやなあ。親につけてもらったその習慣を、自分の子どもたちにできたのかは、心配やなあ。

**成田**　大丈夫よ。山中君ひとりで子育てしてたんちゃうし。

**山中**　そうです、そうです。妻がやってくれました。それに母親や妻の両親やら、みんなが手を貸してくれました。図々しく「助けてくれ」って言えたから。

## 親にしてもらって良かったことを子どもにする

**山中**　そしたら、成田さんご自身の子育てについても詳しく聞かせて。アメリカに行ってましたよね？

**成田**　そうそう。私も夫と一緒に留学したんだけど、まだ子どもがいなかったので身軽でした。４年いて帰国して私大の付属病院に勤めることになったんだけど、出勤初日に妊娠がわかって。マタハラ（マタニティーハラスメント）も経験しました。

**山中** そうなんだ。本当に、あなたは次から次へと大変なことが……。でも、娘さん、無事に生まれてよかった。

**成田** ありがとう。中学生の時から母の子育てについて疑問を持ち、日本でもアメリカでもいろいろな子育て本を読み漁ってたおかげで、かなり実践は楽でした（笑）。

**山中** 腰痛なのに、タクシー代を節約して歩いて帰ったんだもんね。娘さんもお母さんに似てたくましく、女子力も高いんやね。

**成田** はい、娘はそう申しております。彼女は中学からずっと演劇部だったので、私はアイラインの引き方を中学生の娘に教えてもらいました。あ、アイラインとか言ってもわからんね。ま、化粧です。

**山中** 母と娘はいいなあ。仲良さそうで。うらやましい。で、どんな子育てやったん？

**成田** **端的に言うと、私が母からしてもらって「あれは良かった、自分のプラスになった」と思えることを娘にも施す。一方で、嫌だったことは絶対せずに、してほしかったことをしてあげる。**そんなところでしょうか。

**山中** おお、早寝早起きがその第一歩ですね。

**成田** そう。まずそれは徹底しました。小児科医になって、脳科学も学んで早寝早起きが子どもの脳の発達に及ぼす大きな影響を知ったうえに、自分にもその実感がある。運良く子どもを育てることになったので、これは実験しなきゃと思ったのね。

山中　わが子で実験したんだ。どのくらい寝させたの？

成田　**小学生の子どもの睡眠時間は9～10時間が望ましいんだけど、時間の長さもさることながら「眠っている時間帯」が重要なんです。生後50日から保育園に預けてましたが、夜8時までに寝かせる。それだけを徹底してたら小学生の時には自律的に8時就寝、朝は5～6時起床になってました。**

山中　すごいな。で、君もその生活リズムに付き合うの？

成田　私はずっと夜8時か9時ごろに寝て、3時から4時に起きていました。私が付き合うんじゃなくて、娘も勝手に同じリズムになってきた感じ。コロナ禍で大学が全面オンライン授業となり下宿に引きこもる生活になってからも、娘は朝5時起床。入浴・運動・大量の朝ごはん自炊・学習を午前中に済ませる生活で、心身共に快適に過ごしているようです。でも、山中君も、小さいときから早寝早起きだったでしょ？

**山中**　**そうね。両親は共働きでほぼ一緒に仕事に出ていくし、僕も中学と高校は1時間くらいの通学だったから、朝は6時に起きてたかな。夜更かしは苦手で、12時までには寝ていたように思います。**

**大学に入って柔道部から医学部ラグビー部に転部してからは、朝10時から練習だったから、7時くらいには起きて、下宿で一人暮らしだったけど、朝ごはんはしっかり食べてから練習に行った。ラグビーが面白くて熱中してたから、学生のわりに夜も早く寝てたよね。**

**成田**　早起きが良かったんだと思うな。娘さんたちも早起きだった？

山中　特に早起き、っていうわけじゃないけど、朝ごはんは必ず食べていたと思う。

## 筋肉を鍛えることにも意味がある

成田　山中君は大学時代、学校には来なかったけど割と規則正しく暮らしていたんだよね？

山中　ラグビーのおかげやね。当時は、ラグビー部OBの教授が4～5人いらっしゃってね。それで僕も、まあこんなことやってても教授になれるんなら大丈夫やろって思ってしまった。**「山中は医学部じゃなくて、ラグビー部だ」ってよく言われてた。**

成田　読者の皆様、しばらく思い出話にお付き合いください（笑）。

**山中** そう、実際に通っていた場所も違ってましたね。ほんま、それ。医学部は大倉山ってところにあったけど、ラグビーの練習はそれ以外の神戸大の本体というか六甲の中腹のグラウンドでやってました。

**成田** 医学部以外の学部は全部六甲やったもんね。

**山中** 僕はほとんど大倉山（医学部）には近付かず、ずっと六甲やった。ついでに言えば下宿も六甲にあってん。朝起きてランニングに行くのも六甲（笑）。でも試験は通らなあかん。でも、ノートや資料がない。授業、受けてへんのやから。そこで「奈緒ちゃんノート」をコピーさせてもらったというわけですね。

**成田** そっかあ。ラグビーの子たちはホント、学校に現れなかったよね。

**山中** 今ではあり得ないクラブですねぇ。

**成田** ひどい、ひどい。ひどいクラブにいたのに、ノーベル賞なんか取っちゃって。あの、N君、覚えてるよね。

**山中** ラグビー部の同級生で、青春をともにしました。

**成田** N君なんか、会うたびにぶつぶつ言ってるよ。「山中だってよう、俺と同じだったのによう」って言っておりますよ。おんなじように大学行かんとラグビーばっかやってたのになんやこの差は、ってことでしょう(笑)。あ、もちろんN君も今は立派に医師会の理事を務めて人望を集めておられますが。

**山中** あのときのラグビー部は、医学教育を舐めてましたね。

**成田** ほんま舐めとったわ。

**山中** 親のほうも、もう医学部入ったんだから医者にさえなればって感じだった。僕は僕でラグビーに前のめりになってたから、とにかく体を鍛えなきゃ、大きくしなきゃって、そればっかりだった。

**成田** 整形外科か何かの実習のときに「カラダ自慢」してたのを覚えてます。大胸筋がどうの、上腕二頭筋がどうのこうのとか、えらい熱心に筋肉談義してたのを覚えてる。

**山中** 僕、狭い下宿の部屋のど真ん中に、バイトして買ったトレーニング機器をボーンって置いてたの。ごはんもそこで食べるしかない、みたいな（笑）。そうやって鍛えてたから、柔道始めたころは鶏ガラみたいな体だったのに、当時は今より筋肉だけで10キロくらい体重があった。今はもう、マラソンしてるからこんなガリガリだけど。

**成田** なんかめっちゃ言ってたのは覚えてるんやけど。私、骨も覚えてへんけど、筋肉も覚えてへんかったから、ようわからへんかった。

**山中**　いや、ほかは勉強してへんねん。ラグビー部を卒業したときに、あ、違うか、大学を卒業してすぐや。すぐに結婚したんだけど、結婚のお祝いに一緒にプレーした先輩とか、同級生とか、後輩がラグビーボールに寄せ書きをして、プレゼントしてくれた。そこに、半分くらいの人が「体だけじゃなくて頭も鍛えてください」と書いていました（笑）。

**成田**　皆さん、同じこと書かれてるのね。それだけ体を鍛えていた印象が強かったんだ……。

**山中**　勉強してへん印象も強かった（笑）。まあ、ラグビーボールは今でも僕の宝物ではあります。

**成田**　なんかめちゃくちゃ筋肉の話しとったなって感じするもん。

山中　自分の筋肉の話ね。

整形外科でスポーツ医学を絶対やろうと思ってたんで、まさかそんな研究者になるなんて夢にも、いや夢くらいには思ってましたけど、基本は臨床やった。それこそオリンピックを目指すような選手の治療をやろうと考えてたんだけどね。

## 憶えておきたい金言・名言

一番は、「早寝早起き朝ごはん」。幼児期から夜は8時に寝かされて、朝は5時、6時起き。この習慣をきちんとつけてもらったからこそ、確実に脳が育ったと思う。だからこそ、あれだけの心理的ストレスがありながら、こころが壊れなかった（成田）

夜更かししたりして古い脳を育てないまま、塾とか習い事等々で新しい脳を育てるところに走っちゃうと、バランスが崩れてしまうの。子どもは早寝早起きさせて、ちゃんと朝ごはんを食べさせていればすべてうまくいく（成田）

よく「山中先生は忙しいだろうから、睡眠は3時間くらいですか?」って言われるのですが、そんなのホントあり得へんから。7時間か8時間、できるだけ眠るようにしています（山中）

つらいなあって思いながら仕事してても、効率は上がらない。それこそ不機嫌な顔になって周囲に迷惑をかけてしまう（山中）

私が母からしてもらって「あれは良かった、自分のプラスになった」と思えることを娘にも施す。一方で、嫌だったことは絶対せずに、してほしかったことをしてあげる（成田）

子どもの睡眠時間は9〜10時間が望ましいんだけど、時間の長さよりも「眠っている時間帯」が重要なんです。娘は、夜8時までに就寝、朝5〜6時起床の生活をしていました（成田）

# 第四章

# 常識を疑える子どもに育てる

## 「18歳の山中君は何歩か先を見ていた」

**成田** それにしても、山中君はどうして神戸大学（医学部）に来たの？ それこそ、東京大学とか京都大学も狙えたんじゃないの？

**山中** うーん。あのときね、最初のほうで話したように、父の工場が大変になって、絶対浪人できへんと死に物狂いで勉強したんですよね。そうしたら共通一次（現・大学入学共通テスト）の試験の点がずいぶん良くて。これだったら、かなりいい大学に行けるんじゃないかって父や母はけっこう色気を出した。柔道部の先輩からも、阪大とか京大のほうが、医師になってから行ける病院が多いって親身に勧められた。でも、行け行けと言われると、余計に行きたくなくなる。行ってもないのに偉そうに言うなって感じですけど（笑）。

成田　なぜ、行く気にならなかったの？　私、山中君の共通一次の点数、覚えてるよ。

山中　**青臭いと思われるだろうけど、当時は、権力に対する反発みたいな気持ちがあったと思う。それから、東大、京大とかそういう大学に行ったら、それで安心してサボってしまうんじゃないかって考えたんだよね。**

成田　すごい少年、というか高校生だね。18歳でそんなふうに思考できるなんて……。つまり、何歩か先のことを考えていたってことだよね。恐れ入ります。

山中　それから、神戸には行ったことも住んだこともなかったんだけど、憧れがあったの。なぜかわからないけど、神戸大に行きたいって、すごく思った。もしかしたら神戸の女性に憧れがあったのかも(笑)。

**成田** 聞いておいて申し訳ないんだけど、たぶんその話は大学時代にしたことがあったね。山中君と私、確か、共通一次は同じくらいの点だったんだよね。

**山中** いや、僕より良かったんじゃないかな。

**成田** ほぼ同じ点数だよ。で、私も最終的にどこの医学部に行くかって決めるとき、山中君と同じ状況だったんだよね。親は「ええかっこしい」の人だったので、私が「神戸大に行きたい」って言ったら、「もっと(偏差値が)上の大学に行きなさい」と言われたんだけど、いやもうそこだけは絶対に譲れないと意地を張りました。私は家からの通学時間が一番短い医学部だということが、一番の魅力でした。早く帰って寝なきゃですものね（笑）。

**山中**　結果的に、僕は神戸で正解でした。ラグビーばっかりして、勉強はサボったけど（笑）。神戸大のOBであることを誇りに思っている。研究者になってから、神戸大のたくさんの先輩方にたくさん助けてもらっています。

**成田**　私も同じです。神戸大学に行っても、骨学の追試は2回も受けて、衛生学なんか最後の二人まで残りました（笑）。どこに行こうが、医学部の勉強は大変なわけです。

**山中**　僕もすんなり卒業したわけではない（笑）。

## 過去の慣習や前例に縛られないためには

**成田**　ところがね、私がかかわっている親御さんのなかには、わが子をとにかく医学部に行かせたがっている方が多いんだよね。それは子どもさん自身の意向ではなくて、親御さんの意向なの。しかも、割と赤裸々に出される方が多い。それは、子どもにしてみるとやはり厳しいわけです。

**山中** 自分が望んでいないのだとすれば、子どもは苦しいね。

**成田** それを小さいときから刷り込まれているので、大きくなっても身動きが取れない。例えばテストで悪い点を取ったとき、それをお母さんに言えない。それは、先ほどからやや連発している「ええかっこしい」の価値観が両方に作用するんですね。わが子に完璧を求める親御さんと、求められているから完璧でなくてはいけないと刷り込まれている子ども。

**山中** 子どもは純粋やからなあ。頑張ろうとするよね。

**成田** そうなんです。でも、それぞれ能力も違うし、成長度合いも違うのに、それらを考慮しない親からどんどんハードルを用意される。すると、それを越えられない自分はダメな人間だと感じて苦しくなる。おなかが痛いとか、気持ちが悪くなるといった自律神経失調の症状があることを伝えられなくなってしまう。

**山中** 成田さん自身が経験したと先ほどおっしゃってましたね。

**成田** そうです。私と私の親がそうだったように、親子ともにええかっこして。どんな子どもでも、本当の自分を出せない家庭生活ってめちゃくちゃしんどいんですよ。親御さんが気づいたときには、もうとんでもない心身症状が出ていて瀕死の状態になっていることはすごく多い。

**山中** そうなんだね。

**成田** だから、山中君のお父さんやお母さんが「京大のほうがいいんじゃないの？」って言ったときに、「いや、僕は神戸大学に行くんだ」って言えた家庭環境が素晴らしいと思うんです。**自分はこうしたいと思って、それを子どもが何の気兼ねもなく言える関係性をきちんとつくってこられたところが、山中家は理想的だと思いますね。**うちはかなり入学後も否定的に言われ続けました。

山中　そうかあ。のびのびと育ったなとは思っていたけど。やはり両親に支えられていたんだとあらためて感じます。**先ほどのほったらかしの話もそうだけど、過去の慣習や前例を疑ったほうがいい場面って、これからもっと増えるんじゃないかな。もちろんいいものは残しつつなんだけど、いろんなことが通用しなくなっています。**

成田　**コロナでさらに思い知らされた部分はあるよね。**

**山中**　僕ら二人とも、大学時代はあんまり世間体とか常識に縛られないタイプだった気がするね。よく考えたらもう40年前なんだ。ちょっとびっくりするなあ。成田さんは、非常に女子力の高い女性でしたね。僕は高校までずっと共学だから女子はたくさんおったし、免疫がないわけじゃないけど、なんか全然違う世界の人がおるなという感じだった。

**成田**　へえ。なんか初めて聞きました。めっちゃ嬉しいです。私は旧姓が山内だから、山中くんの出席番号より1個前かな。でも、大学のほうへはあまりいらっしゃってなかったので（笑）。

**山中**　行ってなかったなあ（笑）。先ほども話しましたが、僕は1年生の時は柔道部でした。で、医学部の柔道部に入ったつもりが、そこは全学の柔道部で。毎日練習が夕方4時とか5時にあった。1年のときはまだ真面目やったから、授業を1限から受けて、授業が終わったら道場に赴いて。秋は2ヵ月とか3ヵ月くらい合宿してた。それで2年生でケガをしてやめちゃった。1年の間にだいぶ単位取ってたから、2年になるとあんまり大学に行ってない。

**成田** うんうん。いらっしゃってない。見かけてないもん。お見かけするようになったのは3年からですね。

**山中** 3年になると専門課程だし、しかも実習は行かないと単位がもらえへん。で、僕は3年で医学部のラグビー部に入り直したんですね。

**成田** 単位がもらえへんという縛りがあるなか、なんでまたラグビー部に入り直したのか。

**山中** ずっとラグビーには興味をもっていたし、ミスターラグビーの平尾誠二に憧れて、入部しました。

**成田** 3年生になってからの解剖実習で、初めて山中君を知ったような気がすんねんけど。で、解剖実習の前か後に、生理学の実習のときの様子が印象に残ってる。

**山中** 覚えていないなあ(笑)。

**成田** 思い出してよ(笑)。とにかく生理学の実習のとき、自分たちが被験者になる実験があったじゃない。2リットルの真水を飲む人と、2リットルの生食《せいしょく》(生理食塩水)を飲む人、200ccの糖水を飲む人とに分かれて、そのあと何回か採血する、みたいなやつ。

**山中** はいはい。なんかあったね。

**成田** そのときに、山中君は自分から2リットルの生食を飲む人になってくれた。めっちゃ塩辛いのに。で、私はまんまと糖水。美味しい甘い水を飲む係にしてくれた。それで「おお、この子、あんま見かけへんけどめっちゃ優しい」って思ったのが、多分山中君の第一印象。覚えてる?

**山中** おおー、なんか蘇ってきたわ。その生食の実験は、ちょうどラグビーの練習後だから喉も渇いてるし、全然楽勝だと思ってやったんですけど、やっぱ生食は厳しかったなあ。

**成田** うん、しまった! みたいな顔してたわ。つらそうな顔をしてたのを今でも思い出すよ。私は「アタシ、糖水、糖水!」って主張して、山中君は「ほんなら僕、生食でええよ」って言うたんですよ。偉いなあって思った。優しいなって思って。でも、案の定飲んだらほんと真っ青になってた(笑)。

## 私ら二人とも「教室の後ろから三列組」（笑）

**山中**　僕が成田さんのことで印象に残ってるのは解剖実習やな。ホルマリンで処理されてあるご献体一体を、4名一班で2人1組で2〜3ヵ月かけて解剖させてもらったよね。僕ら、右やったか左やったか忘れたけど。

**成田**　右です。右。

**山中**　で、全員手袋をして解剖実習をした。そうしたら、途中から成田さんが手袋なしでどんどんやり出して、びっくりしたのを覚えているよ。手袋をすると感覚が鈍るのか、ご献体に対する敬意なのか？　って。僕は最後まで手袋してたけど。

**成田**　そうだった？　それこそあんまり覚えてないねんけど。私は山中君がすごい一生懸命やってくれたのを覚えてますよ。「反回神経出たよ。見てみて」って言ってくれて。重要な神経をよく見つけてくれたよね。

**山中**　僕は覚えてへん。

**成田**　解剖実習も助けられました。

**山中**　僕も助けられたよ。さっき言ったみたいに午前中はラグビーの練習があって、そこから大学までがまた遠かった。それで授業に遅刻したこともあった。**一度、病院での実習に遅れて行ってしまって、君に怒られたよね。「患者さんを待たせるなんて信じられない」と。**

**成田**　そんなこともありましたね。いや、それ、あかんやろって思って……。あはははは。いまだに覚えてるんだから、アタシ、よほど怖かったんだね。

**山中　いやいや。めったに怒らない子がカンカンになってましたから。僕はとにかく謝るしかなかった。今でも反省してます。ホント、あかんかったと思う。そこから心を入れ替えたよ。**

成田　ほんまかいな。

山中　あとね、小児科の授業で成田さんが要点をまとめたノートのコピーをとらせてもらったよね。僕、今でも持ってるよ。字がきれいで、極めてわかりやすいノートでした。

成田　いやそれも、ほんまかいな、ですわ。

山中　結局、実習の解剖くらいまでは（授業に）出てましたが、その後は実習すら出なくなったんです。実習に出なくても通る（単位がもらえる）ってことがわかって、パスさせてもらいました。試験もけっこう何回も落ちて、再試験とか受けて。それでも通るんだってことがだんだんわかってきた。熱中していたラグビーを優先させていました。

**成田** ただ、私もあんまり偉そうに言えないんだよね。私も入学したときから、階段教室の上の後ろから三列めまでに陣取ってる人々と一緒にいたんだよね。そこには落ちこぼれのラグビー部軍団もいて。山中君が3年からラグビー部に入ってくれたおかげで、すごく親近感が湧きました。真面目な「前三列」じゃなくて、「後ろ三列」ね。

**山中** 後ろ三列ね（笑）。そこからスタートして、二人ともよくぞここまで来ましたね。

**成田** まったくです。大変お世話になりました。私なんて後ろ三列の皆々様がいらっしゃらなかったら、卒業できなかったかもしれない。ほら、例の骨学の追々試。

**山中** 骨学ね。200種類以上の骨の名前を、英語と日本語で覚えなきゃならなかった。「こんなの覚えなきゃいけないなんて、時間の無駄だ。意味がわからん」と言い張ってたよね。試験をパスしなきゃ卒業が危ういでしょ、って、僕ら後ろ三列の仲間で説得したんだった。

**成田** ただ覚えなければいけないという任務、あんな意味のない、全然考えるところのない試験って何のためにやらなあかんの？　って暴れましたねえ、私ったら（笑）。それをなんとか必死になって「勉強せなあかん」言うて説得してくれたのを覚えております。放課後も大学に残って「はい、ここは？」ってテストして覚えさせてくれたよね。本当にありがとうございました。おかげでなんとか医者になれましたわ。

**山中** 良かったです。僕はその後、整形外科医にいっときなりましたが、今現在（骨の名前は）、一切合切全部忘れてます。

**成田**　それがね、私いま、教育学部で学生たちに医学のことを教えないといけない立場なんだけど、いきなり病気とか教えても絶対わかんないから、結局は解剖や発生から教えていくわけです。そうすると、今になって一生懸命に骨の名前とか勉強してるの。面白いでしょ。

**山中**　成田さんは、もともと能力が非常に高いよ。芯がしっかりしていて、時間もルーズじゃない。非の打ちどころのない人だと思ってましたよ。しかも、くそ真面目というわけじゃない。覚えてる？　医学部の力自慢を集めて、某企業主催の綱引き大会に出たの。

**成田**　覚えてる。マネージャーとして応援に行ったね。誰かの、結構ボロボロの車で。

**山中**　そうそう。綱は引かなかったけど、応援に来てくれて。へえ、こんなのに来てくれるんだ、って意外でした。

**成田** 慈悲ですね。慈悲（笑）。で、最後に会ったのって卒業式？

**山中** 卒業式は行ったと思うけど、成田さんに会ったかな？　その後の謝恩式には行ってないし。そういう社交的なことが嫌いなの。昔から。だから、成田さんと最後に話したのは、医師免許をとる国家試験の日だと思うよ。あのとき、近大（試験会場だった近畿大学）で会ったような気がする。

**成田** いや、まったく覚えてない。

**山中** 覚えてないのか……。割と近くにいましたよね。

**成田** 全然覚えてない。どうしよう。国試（国家試験）のこと、何にも覚えてない。

**山中** 国試はね、大阪、近畿大学。そのときに「ああ、これでしばらくお別れだな」って僕は……（笑）。

成田　ええ〜。ごめんなさい。まじで覚えてへん。

## 一貫性なんてなくていい

山中　在学中は仲間に恵まれたなあ。

成田　でも、卒業後は偉大な方々との出会いがあったのでは？

山中　はい。なかでも、日本人初のノーベル生理学・医学賞を受賞した利根川進教授の言葉には救われました。「常識にとらわれるな」と僕に教えてくれた恩人ですね。

成田　利根川さん。報道でしか存じ上げないけれど、さまざま読むと人間的にも立派な方だなという印象を持ってました。お会いしたの？

山中　ちょうど30代の半ばころに、利根川先生の講演会をお聴きする機会があって。当時は自分のポストもまだない段階で、これから教授職とかにトライしていかねばと考えていた時期でした。その一方で、当時の僕は研究テーマがコロコロ変わってて、なかなか定まらなかった。

**成田**　わかる。私も臨床やって、遺伝子研究やって。特別支援教育に落ち着くまでは、本当に「広く・浅く」の道のりでしたよ。

**山中**　僕と同じような感じでしたか。当時は、周りの先生がたは「日本では研究の継続性が評価されるから、同じテーマを続けるのが大事だよ」と異口同音におっしゃっていた。

**成田**　私もそれ、よく言われました。同じだよ。

**山中**　何かのインタビューでも話したんだけど、僕は整形外科医に始まって、たった数年で2回も3回も研究テーマを変えています。薬理学の研究をして、30歳でアメリカに留学して動脈硬化を調べていた。けれども、そこからがんの研究に変わった。それをやっているうちにES細胞に行き着いて。果たしてこれでいいのかと、少々不安になってた時期やった。

**成田** そんなときにねえ。利根川先生、ノーベル賞を受賞されたばかりのころかな。あの方、もともと免疫のほう（研究）をやられていて、脳科学の研究に移られてますね。

**山中** そうそう。それで質問タイムに勇気を振り絞って手を挙げて。「日本では研究の継続性が大切だと言われますが、先生はどうお考えですか？」って聞いてみたの。

**成田** へえー。利根川先生はなんて？

**山中** 先生はまず「一体誰がそんなことを言ったんだ」って笑いながらおっしゃって。会場もすこし和やかな空気になって。そうしたら、利根川先生は「一貫性なんてなくていい。君自身が重要で面白いと思ったことをやればいいじゃないか」と言ってくださった。

成田　それは、勇気づけられたねえ。良かったねえ。

山中　いやもう、あそこで腹がくくれたというか、自分がやりたいことをやろう、決めた道を行こうと思えたのかな。常識を疑うというか、自分の常識は自分で決めるというか……。もちろん、結果論なのかもしれないけど。

## 子どもの一面だけを見ず反対側からも見てみる

成田　うん、特に古くからの慣習とかは疑うべきだよね。世の中やその業界で「普通、こうでしょ」って言われている常識みた

**いなものね。それを捉え直す力（リフレーミング力）って、これから先すごく重要になってくると思う**な。

**山中**　捉え直す力かぁ。

**成田**　山中君が利根川先生の話を聴いて、自分を古い常識に当てはめずに済んだのも、そのことを自分で捉え直したからだよね。**この物事を違う角度から見るというか、捉え直すことは、子育てでもすごく重要なんです。うちの子、けんかっ早くてすぐ感情的になるんですって相談に来るお母さんがいるんだけど、それって正義感が強い、エネルギーがある、感受性が強いという長所とも考えられる。お子さんの一面だけ見ずに、反対側からも見てみようか？　って促す**んだけど、それってそもそも親のほうに、そういうセンスとか、こころの余裕がないとできないことなんだよね。

**山中**　センスはわからんけど、余裕が必要っていうのはようわかるなあ。

**成田**　親はつい学校の成績だけで頭の良し悪しを判断して「基礎学力」っていう言葉に振り回されがちなんだけど、子どもの勉強は本人が「こりゃ、やらなきゃだめだ」って自分で感じてやればぐんぐん伸びます。山中君も共通一次の3ヵ月くらい前から「ヤバい」って思って勉強したんだったよね。

**山中**　ヤバいどころの話じゃなかったからね（笑）。

**成田**　**ヤバいって感じて動ける力はさ、日々の生活の中で前頭葉を活性化させて、脳をきちんと成長させることで身につく**の。早寝早起きして、よく会話し、体を動かして、泣いたり笑ったりして暮らす。

**山中**　ごく普通の暮らしかぁ。**ここぞというとき自分の意志で動け**

**る人間に育てるには、ごく普通の暮らしをすること。**シンプルやね。

**成田** そうなんよ。ただ、ごく普通に暮らすっていうのが難しい世の中になってるからさ。子どもでいうと、夜遅くまで塾や習い事、運動部活。ゲームやＳＮＳへの依存とかね。でもって、いまコロナもある。日本国内でも経済、医療、教育とどこも閉塞感があって、どうしてもうまくいかないことって世の中あるわけで。**子育てが行きつ戻りつする時期もある。そういうときに「禍福は糾《あざな》える縄の如し」**っていう故事成語を思い出してほしい。

**山中** うんうん。聞いたことはある。

**成田** 「嫌なことと良いことはよりあわせた縄のように裏表にねじれているわけで、嫌なことがあっても、また少しねじれていけば今度は良いことが巡ってくる」っていう意味なの。親御さんがそう捉えると、子どもの悪いところばかりを責め立てることなく、またきっといいときもあるよね、なんていうふうに言えるのではないか。それに、ピンチのとき、人はそのハードルを乗り越えるために学ぼうとする。だから結果的に成長している。そんなことを（相談に来る）親御さんたちには話すんですね。

## しんどいことは永遠には続かない

**山中**　「禍福は糾える縄の如し」は、僕的には「人間万事塞翁が馬」っていう言葉かな。目の前の出来事に一喜一憂しないっていうか、一瞬混乱してもなるべく早く平常心に戻る。その

ために は、**うまくいかないときはチャンス。何か良いことの前兆というふうに僕は捉えています。僕はむしろ、うまくいっているときのほうが怖いんですよね。この先はどんな悪いことが起こるんだろうと思ってしまう。**

**成田** 面白いね。ピンチのときは楽観的に、結果が出たときは警戒する。警戒というか、山中君の場合は、無駄に威張ったりして浮き足立たない感じかな。

**山中** それで思い出したのが、ラグビーの平尾誠二さんです。彼は僕にいろんなことを教えてくれた。そのなかで一番響いたというかいまだに堪《こた》えているのが**「人生は理不尽なもんや」っていう彼の言葉なんです。生前からね、彼は私に言ってくれました。「いちいちワアワア言うな」と。「先生、人生はうまいことといかなくて当たり前だから」と。ラグビーのボールが**

**そうで、楕円形だからどこに転がるかわからない。完璧に蹴ったつもりが相手のほうに転がって、相手のチャンスになったりもする**わけだから。突然に末期のがんであることを告げられたときでさえ、「まあ、しゃあないですわ」と動じませんでした。理不尽なことが起こっても「不機嫌な顔はしなさんな。笑ってください」と。大事なのは、どうやったらこの事態を乗り越えられるかを考えるべきだ、と。問題を解決するにはいろんな方法があるはずだ。どうする？　どうしよう？　と焦ってもしゃあない。どんなオプションがあるか、それを考えようや、とよくおっしゃっていました。

**成田**　それこそ、まさに私たちがやっている研究ですよね。

**山中**　研究も、そういう角度で考えたら面白いよと言ってくれてたんだと思う。

**成田**　素晴らしいね。

**山中**　いま、このコロナ禍になってね、彼の言葉を思い出すんです。**ずっと悪いことは無いと。悪いときもあれば、いいこともあるんだから。いかにこの悪い状況を早く好転させるか、それを考えよう**よと、平尾さんから言われてる気がします。ついつい悪い状態がずっと続いちゃうんじゃないかなって思ってしまうからね。

**成田**　その通りですね。

**山中**　いま、本当にみんなしんどいですけど、大人は過去のことを振り返ってみると、いままでもしんどいことはあった。でも、何とかこうやって生きてる。しんどいことは永遠には続かないって気づくよね。雨がやまない日もないし、トンネルの出口がないことも、いままでの人生で無かったよと。必ずそのうち雨はやむし、トンネルがどれだけ長くても必ず出口はありますし。マラソンも、必ずゴールが来る。

**成田** 本当におっしゃる通りです。それがなかなか、そう思えない状況もある。例えば子どもが学校に行かないんですとか、コロナでしんどいといったことで頭がいっぱいになっちゃって、不安だらけになっちゃう方が非常に多いと思います。

**山中** ぜひ、また絶対変わるんだって思ってもらえるといいなと思うよ。

## お絵描きに「お題」なんていらない

**山中** 常識に捉われない、という意味ではアメリカの教育のほうが進んでいると思う。二人の娘たちが幼いときに、アメリカに渡りました。僕は30歳だったかな。グラッドストーン研究所ですね。博士研究員として留学しました。

**成田** 娘さんたちは幼稚園に通ったのかな？

**山中** そうそう、そんな感じのころ。日本とあまりに違っていてビックリしたのを覚えてる。

**成田** 自由にやらせるんでしょ？

**山中** **そうなんよ。たとえばね、日本にいるときに上の子が通っていた幼児教室では、この動物を描きましょうとか、お絵描きするにもまず最初にテーマが決まっていた。それをどううまく描けるかを先生が教えてくれて、その通りにやっていくと「上手にできました」って感じ。それが、アメリカでは「お題」がないんだよね。真っ白なキャンバスとクレヨンだけ渡されて、好きなものを描きなさいと言われる。**

**成田** お子さん、どうでした？

**山中** 最初すごく戸惑ってしまって、キャンバスの前でめっちゃ困った顔で座っていました。でも、しばらくしたら、どんどん絵を描き始めた。**先生は何も言わずにただニコニコ笑ってそこにいるだけ。だからなのかはわからないけど、娘は絵が大好きになったんです。アメリカで暮らして日本との違いを一番感じたのは、子どもたちの教育だったなあ。**

**成田** なるほどね。あと、アメリカでは日本ほど忙しくなかったのでは？

**山中** ほんまやね（笑）。日本で大学院生をやっているときは昼間は実験やって、夜や週末は生活費を稼ぐために病院に行ったりしてたね。そんなふうだから、子どもとまったく一緒にいられなくて。子どもも僕に全然なついていなかった。会わないと、なんかお互い照れるというか……。

**成田** どちらさん？　みたいな。

**山中** まあ、そんな感じ。でも、本当に冗談じゃなくて、あのまま日本にいたら親子関係はうまくいかなかったと思うな。

**成田** いたのは3年半だっけ？

**山中** **そうです。研究も頑張ってやったけど、家族4人の時間もいっぱい持てた。**

第四章

## 憶えておきたい金言・名言

東大、京大とかそういう大学に行ったら、それで安心してさぼってしまうんじゃないかって考えたんだよね(山中)

ほったらかしの話もそうだけど、過去の慣習や前例を疑ったほうがいい場面って、これからもっと増えるんじゃないかな。もちろんいいものは残しつつなんだけど、いろんなことが通用しなくなっています(山中)

利根川先生は「一貫性なんてなくていい。君自身が重要で面白いと思ったことをやればいいじゃないか」と言ってくださった。あそこで腹がくくれたというか、自分がやりたいことをやろう、決めた道を行こうと思えたのかな。常識を疑うというか、自分の常識は自分で決めるというか……(山中)

古くからの慣習とかは疑うべきだよね。世の中やその業界で「普通、こうでしょ」って言われている常識みたいなものね。それを捉え直す力(リフレーミング力)って、これから先すごく重要になってくると思う(成田)

物事を違う角度から見るというか、捉え直すことは、子育てでもすごく重要なんです。うちの子、けんかっ早くてすぐ感情的になるんですって相談に来るお母さんがいるんだけど、それって正義感が強い、エネルギーがある、感受性が強いという長所とも考えられる。お子さんの一面だけ見ずに、反対側からも見てみようか?って促す(成田)

# 第五章

# レジリエンスを身につけさせる

## コロナ禍がいろんなことをあぶりだした

**成田** ところでコロナ禍になって、山中君たちの研究にも支障があるよね？

**山中** 研究活動は、去年（2020年）の4月からは制限して、2割くらいまで落としたりしたよ。でも、今年になっての緊急事態宣言のなかでは、研究活動そのものは制限していません。研究の打ち合わせもリモートにしたり、以前は実験ノートとかは絶対持ち出し禁止やったけど、今は上司に許可をもらってきちんと管理をすれば家に持って帰ってもいいことにして。実験は大学じゃないとできないから、実験は大学で。そのデータ整理とかは家でやりましょう、ということで。できるだけ在宅の時間を増やしたり、通勤時間をラッシュからずらしたりしてる。

**成田** いろいろ工夫されてるんやね。「リモート研究」ね。私たちも「リモート相談」「リモートミーティング」「リモートセミナー」と、対面でやっていたことをオンラインで行うことが増えました。大学もオンラインの授業が主体です。

**山中** 学生さんって、オンライン生活になってどんな感じなの？

**成田** 学生がかなり二分されていることを感じる。コロナが成長の機会になっている学生と、そうなっていないケースと。どんなことかというと、ほとんどの学生さんが授業がオンラインなので帰省してずっと自分の家にいる。実家で親と一緒に過ごす時間が増えた。すると、「親といろんな話ができて有意義だ」という子がいたり、「高校生の妹のお弁当を毎朝作ってます」とか「同居しているおばあちゃん、足が悪いからデイサービスに連れていった」という話をしてくる学生がいる。「家族に重宝がられて良かったです」と。良い関係を築くというか、もともと良い関係だったのでしょうが、それを再認識してて。

**山中** なるほど。で、一方は違うんや。

**成田** そうなんです。後者はめちゃくちゃ家族関係が悪くなっちゃって、親子ゲンカが絶えず、うつ状態になったりして勉強どころじゃなくなり提出物が出せなくなったりとか。コロナ禍っていろんなものをあぶりだすじゃない？

**山中** そこやな。顕在化するというか。

**成田** オープンでなんでも言い合える関係だった家庭と、親からの一方的な指示や命令が多かった家とあって。私、大学の保健センター長もやっているので、いろいろな相談や報告を受けます。家族と関係が悪くなった学生はそれまで頑張って親御さんの期待通りにやってきたけど、コロナで在宅になって親の要求が増して従いきれなくなって……ということも多いようです。研究者個々への、コロナの影響はあると思いますか?

**山中**　僕はほら、大学院生とか、大人の研究者としか接しないから。ただ、大学院生の人たちは別な意味で影響を受けてる。結婚してお子さんがいるなど、自活している人もいて生活が大変。医学系の研究所やから、お医者さんが多い。唯一の収入が週1回か2回の病院でのアルバイトだったりする人も多いんですね。ところが、病院は感染リスクを下げるために、人を減らさなきゃいけない。そこで非常勤の医者を減らすことになってしまう。

## 夫婦仲も二通りに分かれている

**成田**　雇用が失われるんだね。先行きが読めないと言うか、さまざまな混乱があるんでしょうね。そうやって考えると、これから先、どんな逆境にも負けない人間に育てるっていうことが大事な時代だと感じます。

**山中**　そうですね。しぶとい人間に育てたいですね。

**成田**　山中君もいろいろと壁に突き当たってそれでもあきらめずにやってきたと思います。次の世代、若者や子どもたちを、しぶとい人間に育てるって考えたときに、どんなことが大事になりますか?

**山中**　**「感謝できる人間」に育てることかなあ。「ありがとう」って素直に思えることが非常に大切で、それをきちんと誰に対しても伝えられたらええなと思う。**さっき、成田さんが「実家に戻った学生さんが、その家庭の状況によって二つに分かれる」っていう話、しました。それ、たぶんご夫婦にも当てはまって、コロナでかえって仲が良くなるご夫婦と、関係が悪化してしまうご夫婦とあると思うんだよね。

**成田**　ありますね。

**山中**　家族とか、夫婦とかが二分化されてしまうひとつの鍵は「ありがとう」って言う回数やと思うんです。ずっと一緒にいるのに「ありがとう」を言えない人たちは、余計にギスギスしてしまう。**「ありがとう」が増える家族や夫婦は、コロナ時代にあってその結びつきが強くなる。そんな関係性を結べる**

**人は、プラスのエネルギーを持てるでしょ。**

成田　なるほどね。学生たちも**「ありがとう」を言われて、そこで自分の存在価値を確認している。自己承認を得ています。いろんなことが制約されて生きづらさが増す時代が続いたとしても、「ありがとう」が言えて、「ありがとう」を言われる関係性を築けたら前向きに生きていける。**

## レジリエンスは鍛えることができる

山中　もうひとつ、話させてください。僕、中学から柔道部に入って、柔道部の顧問だった西濱士朗先生が本当に素晴らしい先生やったんです。柔道も強くて五段とか六段の先生で、その方に最初教えてもらったから、柔道が単なる勝ち負けではなくてやはり「柔の道」、人生にも通じるということを教えてもらった。礼に始まり礼に終わるっていう、そういう人としての道をね、教えてもらった。

**成田** まさに山中君の恩師やね。

**山中** でも、先生は8年ほど前に亡くなってしまった。病気が随分悪くなられた時期に一度お会いする機会があって、車の中で話したとき「山中君な、レジリエンスという言葉を知ってるか」って言われて。僕は恥ずかしながら、そのときレジリエンスがわからなかったの。で、「すみません、知りません」って正直に言った。今はもう、レジリエンスって非常に大事にしている言葉だけど。

**成田** 知りませんって素直に言えるところがええな。レジリエンスね。（第二章の）「ええかっこしい」のところで話した「ピンチを乗り越える力」だね。西濱先生が教えてくれたんだ。

**山中** 「山中君、レジリエンスっていうのはな、つらい出来事があったとしても、しなやかに対応して生き延びる力のことだ。例えば震災とかで大変なことが起こったときに、希望を失わず立ち直る人もいるし、長く立ち直ることができない人もおる。そういう立ち直る力のことをレジリエンスというんだ」と。中学を卒業してから何年？ およそ40年ぶりくらいに、先生の授業を受けているような気持ちになったね。

**成田** 立ち直る力。そうです、そうです。乗り越える、も一緒です。先生、山中君にきっと伝えたかったんやろうな。

**山中** 「山中君、僕はな、レジリエンスというもんは生まれつき備わっているものではないと思う。柔道と同じで、後からでも鍛えることができると思うんや」と言われて。

**成田** その通りです。

**山中** 僕から見ると西濱先生は、レジリエンスのかたまりなんよ。胃がんの手術をされて、一旦きれいに全部手術成功して、これでもう大丈夫、良かった、良かったって思ってたら、非常に特殊なタイプのがんだったらしくて、あっという間に肝臓に転移して、気が付いたらもうどうしようもない状態だった。肝臓って不思議な臓器で、肝臓のほとんどががんでも、なんかお元気なんだよね。で、ある線からもう急激に悪くなるんですけども、だからそのギリギリのところでお会いして、ご本人は当然ご自分の残された時間を知っておられて。そんな中でもそうやって僕に一生懸命教えてくれるくらいですから、ほんとレジリエンスのかたまりのような先生。

**成田** うんうん。

**山中**　その先生が、**レジリエンスをどう鍛えるか？　って話になったときに「僕は感謝だと思う」**とおっしゃったんです。教え子がみんなすごい心配して。主治医も教え子で、医者になった教え子たちが治療法を提案したり、医者じゃない教え子も集まってきてくれて励ます会を催したりしました。**そうやって教え子たちが自分を支えてくれることに「すごく感謝している」と先生がおっしゃって。「感謝することによって、僕はこうやって平気というか、ちゃんとしていられるんだ」っていうようなことをおっしゃった。あれは先生から最後の授業を受けたと思っている**んやけどね。

**成田**　山中君が話した「ありがとうを言い合える関係性」に通じるね。やっぱ、感謝って大切ですね。

**山中**　そうなんです。

## いいことはおかげさま、悪いことは身から出たサビ

**成田** レジリエンスって「打たれ強さ」みたいに言われる場合もあるけど、他者に感謝することで、自分が強くなれるんだね。

**山中** 自分を助けてくれた人の思いに報いたい、と思うんだろうね。

**成田** 繰り返しになるけど、withコロナの時代のように、なにかこう、追い詰められたときこそ大事だよね。他人はそうそう動かせないから、自分がどうするか、どう変わるか。そんな思考を持つのが重要で、その原点が「おかげさま」なんだね。子どもたちのそういう感覚を育ててあげたい。

**山中** そうなるなあ。だから、西濱先生には本当に感謝していま

す。

**成田**　レジリエンスの3要素、覚えてる？

**山中**　自己肯定感に社会性、最後が「助けて」を言える力、ソーシャルサポートだよね。その3つ、西濱先生はすべて備えておられた。あと、うちの母親もレジリエンスのある人やったかもしれない。僕、（大阪）教育大附属の中学、高校だったでしょ。教育大の大学生が教育実習に毎年来られた。高校2年生の時、教育大の柔道部の実習生がいらして。当時教育大の柔道部は強くて、その実習生は三段くらいだった。その方に稽古中に投げられちゃった。そうしたら、肘の骨がボキッて折れちゃったんですよね。

**成田**　きゃっ、痛そう。それは災難な。

**山中**　いや、災難やったんは、学生のほう。その方にとったら教育実習で来たその日に生徒の腕を折っちゃった。かなりビビったと思うよ。それに、もとはと言えば僕が悪い。負けるのが嫌やったから、ちゃんと受け身をしなかったんだよね。で、手をバッてついて、ボキッて。

**成田** ボキッは、もうええから。山中君、基本、負けず嫌いだよね。

**山中** そうそう。で、その日の晩に家に実習の先生から電話がかかってきて「息子さんにケガをさせてしまって申し訳ないです」と。すると、電話を受けていた母親がこう言うわけです。「いやいや、そんな謝らんとってください。うちの伸弥がちゃんと受け身せえへんかったからやと思いますから。悪いのはうちの子ですから。かえってご迷惑をかけて申し訳ない」

当時はね、高校生で思春期ってやつだから、母親に反発というか、反抗期でもあったんですけど、そのときは「ああ、うちの母親は偉いなあ」って素直に思った。相手を責めずにむしろ謝る姿を見て、自分の母ながら「立派な人だな」と。そのことはずっと記憶に残ってる。

**成田**　「うちの子になんてことを」ってなってもおかしくない。今はそういうお母さんのほうが多いかもしれない。

**山中**　**うまくいかなかったとき、原因は自分にあるんやで、と教えてもらいましたね。**

**「いいことはおかげさま、悪いことは身から出たサビ」**

**そんな生き方を教えてくれた気がしています。**

**成田**　いいときは「周りの人のおかげで、自分は何て恵まれているんだ！」って感謝すればテングにならずに済む。逆にネガティブなことが起きたときは、自分を振り返ることができるものね。

**山中**　**「身から出たサビ」と「おかげさま」の二つ。自然にそう思える人がきっと、立ち直れる。レジリエンスがあるんじゃないかな。ついつい逆になっちゃうでしょ。うまくいったら「俺が頑張ったからだ」って思って、うまくいかないと「あぁ、みんなが手伝ってくれないからだ」とかって思っちゃう。そう考えてしまうと、うまくいかなくなったときに解決策がないというか、立ち直る術がなくなっちゃう。**

**成田**　お母様、素晴らしい。

**山中**　いや、そうなんよ。1990年代の後半くらいかな。アメリカ留学から帰国して、大阪市立大学で研究生活を始めたんだけど、思うようにいかず相当追い詰められた。さっき少し話したけど、もう研究はあきらめて臨床医に戻ろうと就職のつてを探し始めたとき、突然母から電話があってね。

**「昨日、お父ちゃんがな、夢枕に立ったんよ。仲弥にもう一度考え直すようにって言うてたんよ」**

**成田** それは凄いわ。科学者に「夢枕」か。でも、説得力あったでしょう？

**山中** そんな非科学的なことを言われてもなあと思ったけど、親父がおふくろの夢枕に立ってまで言ってきたのなら、もう一度考え直そうと思いあらためた。何とか自分を奮い起こそうと思っていたとき、奈良で研究室を持つチャンスが巡ってきたんだよね。

**成田** そうだったんだ。お母様のアシストもあったんだね。そこを乗り越えたことが、ｉＰＳ細胞の研究につながった。ご両親に感謝だね。

第五章

## 憶えておきたい金言・名言

「ありがとう」が増える家族や夫婦は、コロナ時代にあってその結びつきが強くなる。そんな関係性を結べる人は、プラスのエネルギーを持てるでしょ(山中)

「ありがとう」を言われて、そこで自分の存在価値を確認している。自己承認を得ています。いろんなことが制約されて生きづらさが増す時代が続いたとしても、「ありがとう」が言えて、「ありがとう」を言われる関係性を築けたら前向きに生きていける(成田)

レジリエンスをどう鍛えるか?って話になったときに「僕は感謝だと思う」とおっしゃった。教え子たちが自分を支えてくれることに「すごく感謝している」と先生がおっしゃって。「感謝することによって、僕はこうやって平気というか、ちゃんとしていられるんだ」っていうようなことをおっしゃった。あれは先生から最後の授業を受けたと思っている(山中)

うまくいかなかったとき、原因は自分にあるんやで、と教えてもらいましたね。

「いいことはおかげさま、悪いことは身から出たサビ」

そんな生き方を母が教えてくれた気がしています(山中)

「身から出たサビ」と「おかげさま」。自然にそう思える人がきっと、立ち直れる。ついつい逆になっちゃうでしょ。うまくいったら「俺が頑張ったからだ」って思って、うまくいかないと「みんなが手伝ってくれないからだ」とかって思っちゃう。そう考えてしまうと、うまくいかなくなったときに解決策がないというか、立ち直る術がなくなっちゃう(山中)

# 第六章

# しぶとい子どもは目線が違う

## 相手の目線に立つ

**成田**　いま、そしてアフターコロナの時代をしぶとく生き抜くために、私たち日本人には何が必要でしょうか。難しいテーマだけど、一緒に考えてみましょう。

**山中**　そうだなあ。まず、これだけの変化に順応していくには、みんなで知恵を出し合って乗り越えなくちゃいけません。それにはやはりコミュニケーション能力が重要だと思います。僕自身、アメリカで他者と分かり合う大切さを学びました。思ったのは、**言葉を尽くせる日本でのほうが、もしかしたら分かり合えているか怪しいってこと。**

**成田**　わかる気がします。日本人が昔から言ってきた阿吽《あうん》の呼吸って、もはやかなり難しい。

**山中**　例えば、講演や何かの発表で自分は要点を話したつもり、なるべくわかりやすく話したつもりだとしても、相手が理解していなければその時間は無意味になります。そこで**「理解できないほうが悪い」と判断してしまうと、自分自身が進歩できません。だから、もし相手に伝わらなかったとしたら「それは僕が悪い」**と思うことにしています。

**成田**　素晴らしい心がけやね。同じ内容を話すとしても、その時々で聴いている人は違うから。

**山中**　そうなんです。「今日はこういう人たちが聴いているから、言い方や言葉をこんなふうにしてみよう」とか「普段は専門用語を使うけれど、今日は専門用語をやめてもっと簡単にしよう」「スライドも難しい言葉を少し簡便なものに書き直そう」とかね、結構工夫して発表しています。

**成田** 山中君の講演は、わかりやすいと評判のようですよ。

**山中** ほんまですか（笑）。本当なら嬉しいけど。それで、このことは同僚や部下と話すときも、同じように心掛けなければいけないと思ってるんだけど、これがなかなか難しい。

**成田** つい、言わんでもわかるやろ、と。

**山中** **そこを解決するには、誰を前にしても対等な関係として捉えることが大切やと思ってる。つい、「おいおい、お願いやからわかってくれよ」と寄りかかってしまう。それって、甘えだよね。**

**成田** それで言うと、親とか教師って、子どもに、わかるよね？　という無言の圧力かけるじゃない？　説明せずに、圧力でわからせようとするのは、大人たちが子どもより「上の立場」

と思ってるからだろうね。**「コミュニケーションは相手に伝わるように工夫をしなくてはいけない」という概念が浸透すれば、子育ても、教育も、違ったものになると思います。**

山中　**伝える力って、結局は相手を知ることから始まる**よね。さっき言った「今日はこういう人たちが聴いているから」って相手を理解する。いや、もちろん完全には理解できないんだけど、**こちらが理解しようとする熱は相手に伝わる**と思う。

## 相手の背景まで見る

成田　**「医者は人を観察する力を養わなくてはならない」**ってよく言いますよね？

山中　**病を診るのではなく、人を観る。**

**成田**　そう、先ほど話してくれたよね。そのために、医者はさまざまな人を理解できるようにならなきゃいけません。それなのに私、小児科の研修医を務めていたころは、わが子をケアしていない親御さんたちにいつも怒ってたの。「子どもが泣きやまない」と救急車に乗って病院にやってくる。話を聴くと、2週間前からのおむつかぶれだったりする。こっちはまだ20代だからさ、(親のくせに)とか(子どもがかわいそうでしょ)って、言葉には出さなくても表情が怒り爆発なわけ。患者さんから「態度が悪い」って怒鳴られたり、回し蹴りもされたなあ。

**山中**　ああ、想像できるよ。成田さんの怒った顔が。

**成田**　ただ、**当人たちも、そういう親になりたくてなっているわけじゃない。ここに、私たち医者は気づかなきゃいけない。彼**

らが仕事や日々の暮らしでどんな状況に置かれているのか、どんなふうに育ってきたのかといった背景を知っていれば「お母さん、大変だね。きついね」といった言葉をかけてあげられるはず。もっといえば、どんな生活形態かを知らなければ、適切な医療は提供できないと思う。

**山中** 小児科の先生は、そういった気づきが求められるよね。児童虐待(の現場)に近いところにいらっしゃるから。

**成田** 江戸時代とかって医師免許が存在しなかったじゃない? 病や不調を治したのは、その地域に住む高い素養と教養を兼ね備えた人だった。中国とかから渡ってきた難しい文献を読んで研究しては治療を施す。腕の確かさはもちろん、規範になるような人格者のところに患者さんが集まってきた。つまり、その人を医者にするのは、国ではなく患者だったんです。

**山中**　江戸末期に西洋医学が入ってきて、明治時代に医学部が創設されて、国家資格である医師免許が生まれたんだったかな。

**成田**　今は免許があれば医者になれる。だからこそ、私らは努力して患者さんに選ばれる素養を持たなきゃならない。って考えると、私たち医師は「世の中のこと」をもっと知らなくちゃ。例えば患者さんの親が工場に勤めていると聞けば、その工場の仕事内容がどんなものであるか、おおよそのことを知っておいたほうがいい。シフト制で夜勤もある。職場環境はどんなもので、課題は何かを知っておいたほうが、患者さんへの理解につながります。

**山中**　君、そんなことまで考えて医者やってるんか。

**成田**　やってるんよ〜（笑）。お母さんが「こないだアメリカから帰国したばかりで、子どもは3歳です」と言えば、どの程度の語学力かはわかる。過去の患者さんや、私自身が留学時代に出会った人たちからの情報蓄積があるからです。お母さんが「どうしたらいいかわからなくて」という話以外のところから、彼女の大変さが理解できる。ほかにも引きこもりの子どもの就労支援をしているので、給与面や職場環境を知る機会にも恵まれてます。

**山中** そうやって経験値を積むんだ。自分から診察室を飛び出して意識的に学びを摑《つか》みにいくんやね。これは、どんな職業でも同じだな。**相手の視線に立つのが本当に大事。社会とかかわっていない仕事なんか、存在しない**んやから。

## 平面視から立体視へ

成田　本からも学ぶよ。故・外山滋比古さんの著書が好きかな。

山中　『思考の整理学』ね。東大生や京大生に人気なんでしょ？

成田　そう。印象的だったのが第四人称という概念。通常のコミュニケーションは「私は」の一人称と、「あなたは」の二人称の間で行われ、その話題に「彼女は」「彼は」といった三人称が登場する。それに対し、アウトサイダーの立場で関わる存在が第四人称。例えば演劇がそうで、演じている人たちがいて、その劇を見ている私という視点。これができることで近視眼的な平面視から、立体視になっていく。

山中　よく考えると、僕らもそうだよね。

**成田** 子育てに悩む親御さんに、ロールプレーで子どもを叱ってばかりいる母親役を演じてもらうと、「自分も同じことをしている。ダメだ」って気づいてくれる。第四人称的視点を持てるんですね。演じることで、叱ってばかりいた自分の心理（ただ子どもにイライラしていた、など）を理解します。

**山中** 成田さんも、こないだ市民劇団でミュージカルに出てたよね。いや、かなり忙しいはずなのに、どこにそんなエネルギーがあるのかと驚きました。

**成田** 「雑誌に掲載されたけいこ中の写真を見たよ。老けたね」ってメールをいただきましたけど（怒）。

**山中** そんな失礼なこと書いたっけ（苦笑）。たぶんお互いに、と言いたかったんです。で、なんで挑戦したの？

**成田** 第四人称である演劇を演者として味わってみたいという好奇

心と、親御さんや子どもたちと話すときにもっと伝わる声色や表情を学びたかったの。関わる皆さんの背後にあるさまざまなニーズを見通した上で、本当に必要なことだけを本当に伝わる声で伝える。それは自分だけでなく一緒に演じる（生活する）家族も客観視しないと無理なんです。その方法を学んで、皆さんにお伝えすることにとても役立っています！

**山中** **相手の視点に立つのも、ひとつの能力だよね。レジリエンスと同様で、鍛えられるわけだ。そう考えると、何か学ぶときに「何のためにそれをやるか」を考えるのは大事**やなあ。

**成田** やみくもに動いてエネルギーを費やしても長続きしないでしょ？　だから、医学部へ入学した娘には「学生時代のアルバイトは広く社会を知る機会だから、塾の講師や家庭教師では手薄。ぜひ、人を見る・知るバイトも」って。

山中　娘さん、やるしかないわ。

成田　うちの子もノリノリで、入学後探してました。そして選んだバイトが人間観察満載の「婚活パーティーの司会」！　わが娘ながらでかした！　と思いました。

## 相手のこころを見る

山中　娘さん、英会話習ってるんやろ。めっちゃいい。僕は日本の若者にもっと海外へ行って欲しいです。勉強でも、仕事でもいい。コロナがある程度収束したらぜひ行って欲しい。

成田　同感です。娘は英会話と茶道を自発的に習い始め、今も続いているようです。コロナ以前から海外に出て研究をしようと試みる若者が減っていると聞きます。

**山中**　研究職なんて留学しなくても、日本でも十分にやっていけると考えるようです。そのことは間違いではないけれど、外に出てくべきだと思う。学生のうちに行くか、無理だったら卒業して20代の間に。

**成田**　早いほうがいいよね。娘は、小学5年生から海外キャンプに何度か参加しました。行った国は、ブラジル、フィリピン、スウェーデンかな。前頭葉が発達し始める11歳という年齢に着目して、多様な国籍・人種が一緒に暮らす体験を重視するCISV（Children's International Summer Villages）という組織の主旨に共感して参加させました。この年齢の子どもだからこそ、言葉が通じなくても人間としてコミュニケートできてしまうものなので。

**山中**　いいねえ。だから英語が好きなんだね。僕は31歳になる

1993年から96年まで3年半をアメリカで研究して。今でも、コロナの感染拡大が始まるまでは毎月のように通っていました。今はリモート会議で向こうのスタッフとは目の前にいるかのように話せるものの、それでは聞き及べないことやわからないことがたくさん出てくる。

**成田** リモートでの外国語の会話かあ。電話の次に難しそう。

**山中** そうなんよ。実際に現地に行ってお酒を飲みながら食事したりすると、ああ、そういうことを聞きたかったんだよと思える情報がたくさん出てくる。もちろん日本にいても、文献も読めるしインターネットでさまざまな情報は入ってくる。でも、実際に自分の目で見る、耳で聴くものはやはり比べものになりません。

**成田** アメリカ人は日本人と違ってそれぞれきちんと主張するよ

ね。立場や役職が上とか、年齢が上とか、それこそ大学の先輩後輩なんて関係ない。主従関係や縦の関係といったバリアがありません。

**山中** そこがいい。相手が話す内容を、日本と違って細部まで理解できるわけではありません。留学していた時は、相手の言っていることはすべてわかるわけじゃなかったので、あとは行間を読むというか、顔色を見たり、ボディーランゲージの部分で判断していました。そう考えると、**アメリカにいたときは必死になって相手のこころを読もうと一生懸命コミュニケーションしていた**気がします。

**成田** わかるふりとかせずにね。

**山中** **僕自身が経験して言えるのは、海外に住むと、他者とコミュニケーションを図ることに貪欲になれるということです。**

「えっと、それって、君が言いたいことはこういうことだよね？」と自分の言葉で聞き返したりします。日本にいるときの数倍、分かり合う努力をしていました。アメリカ人はすぐ怒るというか、ストレートにものを言うので、謝るのも非常に上手になった（笑）。どうやってこの人を鎮めようかと頑張りました。**言葉の誤解というのは、そこに感情が潜り込んでいることがほとんど**ですから。

**成田**　言えてる。

**山中**　そんな経験をすると、日本にいて、当然だけど、言葉が自由にしゃべれて、相手の話も全部理解できる環境というのは、ある意味良し悪しがあると感じるんです。日本だと、相手が「言っていないこと」までわかっちゃうときがあるでしょ。場合によっては。本音と建て前という、日本独特の流儀もあります。

成田　そこがね。ややこしい。

山中　**相手が強く主張してきたときに自分が反対意見だったとしても、まずは「なるほどね。そういうふうにも考えられるね」と、ロジカルな部分に共感する力が大切だと思います。こちらが共感すれば、相手も気持ちを寄せてくれる場面が増える。それがないと、チームとしてうまくいかない。**そのことはどんな国の人と仕事をするときも、万国共通です。この**「共感する力」があればうまくいく。**互いにそっぽ向くより全然いい。

## 面白がる目線が仲間を増やす

山中　「何でも面白がろうよ」というのも伝えたいなあ。特に自分自身がやっている仕事や勉強、経験していることを、面白がってほしい。

成田　そこ、大事やね。

山中　大学院生になってしばらく経ったときの話なんだけど、担当の先生から初めて簡単な実験をさせてもらったの。その先生は薬理学の研究をしていました。実験動物にある薬を投与しても、血圧が下がらないはずだから、それを確かめるという実験でした。「難しくないから、まあ、やってみなよ」と。ところが、投与したら、血圧がどんどん下がり始めたんです。実験動物が死んでしまう一歩手前までいっちゃった。

成田　ヤバいじゃん。大丈夫だったの？

山中　1時間ぐらい経って、なんとか回復しました。けどさ、（血圧が）下がらない仮説なのに「なんで？」って思うよね。先生のところにすっ飛んでいって「先生、大変なことが起こりました！」って叫んだら、先生は「おお、そうか。すごい」って一緒に盛り上がってくれるわけ。ご自分の仮説が外れたのに「どうしてこんなことが起きたんだ！」ってウキウキしてて。

**成田** 先生のリアクション、ええなあ。

**山中** そうやねん。**おかげで、「あ、これでええんや。自分は研究者に向いているのかもしれない」と感じることができた。**臨床医から研究者として基礎医学の道に路線変更したばかりのころに、こんな体験ができたのは大きかったよ。

**成田** それ、臨床の現場ではあり得ないけど、こういう経験ができるのが研究職のいいところですなあ。

**山中** そう。臨床の現場だと、患者さんの命がかかっているんだから「予想と違いましたでは済まんぞ」と怒られるところや。それなのに、自分の仮説が覆された先生までもが「おもろいなァ」と喜んでいる。医者と研究者はまったく違う種類の仕事なんだと気づいた出来事だった。

**成田** 一緒に面白がれる仲間に救われます。私もそんな人たちが近くにいるから助かっています。

**山中** 研究者を採用するときは、成績の良し悪しよりも、研究したい、という熱意のある人、何でも面白がってくれそうな人をなるべく採用したいと思っています。

**成田** 一緒に仕事する同志を選ぶんだもんね。

**山中** 同志と言うなら、成田さんに対しても同様の気持ちです。留学中、途中からES細胞の研究をやるようになって。ES細胞の分化とか遺伝子研究に関する論文を見ていたら「Naoko Narita」っていう著者の論文があって。おお、これは山内さん（成田さんの旧姓）かな？　と思って読みました。

**成田**　私はアメリカから帰ってきて筑波大学に勤めたんだけど、そのときに山中君が超偉くなって筑波大に講演に来られました。

**山中**　そんなん、ありましたね。

**成田**　そう。そのときは都合が悪くて伺えなかったんだけど、あ、すごい偉くなっちゃったなあ！　って思ってた。

**山中**　割と近い研究をしてるんだっていう意識があったよ。僕は神戸大学を卒業してすぐに大学から離れてしまった。当時、父親の病気のこともあって大阪に帰りたかったので大阪市大の整形外科でお世話になったんだけど、それ以来、神戸大の同級生たちとは結構疎遠になってしまった。で、研究者になってアメリカへ行って、臨床から離れてしまったから余計に接点がなくなって。寂しいなあと思ってた。なので、成田さんと思しき方が書かれた論文を見つけたときは嬉しかったです。

**成田** いやいや、こちらこそ、嬉しいです。

**山中** 縁を感じますよ。今でもやってることは似ているでしょ? 患者さんに最適なiPS細胞技術を良心的な価格で届けたいという思いで、去年(2020年)4月には公益財団法人京都大学iPS細胞研究財団を設立させました。成田さんも、公的な機関では限界がある子育てや障害者支援のために、民間の相談機関を自分でつくって頑張っている。「既存の枠を超えた活動」という共通項があります。

**成田** 山中君は、iPS細胞をつかって病気の患者さんを救うことが目標。体が健康でもこころが病んでしまえば人は生きていけないので、私はこころを健やかに保つことで命を支えていく。

**山中** こころを支える医療や医学は今後、もっと重要になると思う。成田さん自身の貴重な体験が、生きづらい人々への共感につながっていることが、今回話してよくわかりました。

**成田** そこは山中君も同じだと思います。研究者って絶対に個人プレーじゃないから、国内外の人たちと丁寧に誠実にコミュニケーションをとりながらiPS細胞を発見したんでしょうね。それはあなたにかかわった人たち全員の育む力というか、力の結集だよね。

**山中**　大学で偶然知り合いになって、今は大学時代には想像できなかった仕事をお互いにしている。多少年は取ったけど（笑）、それぞれの分野でまだまだ走り続けましょう。

**成田**　走ったり、歩いたりね。しぶとく頑張りましょう。

## 憶えておきたい金言・名言

言葉を尽くせる日本でのほうが、もしかしたら分かり合えているか怪しい(山中)

「理解できないほうが悪い」と判断してしまうと、自分自身が進歩できません。だから、もし相手に伝わらなかったとしたら「それは僕が悪い」と思うことにしています(山中)

「コミュニケーションは相手に伝わるように工夫をしなくてはいけない」という概念が浸透すれば、子育ても、教育も、違ったものになると思います(成田)

医者は人を観察する力を養わなくてはならない(成田)
病を診るのではなく、人を観る(山中)

相手の視線に立つのが本当に大事。社会とかかわっていない仕事なんか、存在しない(山中)

相手の視点に立つのも、ひとつの能力だよね。レジリエンスと同様で、鍛えられるわけだ。そう考えると、何か学ぶときに「何のためにそれをやるか」を考えるのは大事(山中)

言葉の誤解というのは、そこに感情が潜り込んでいることがほとんど。相手が強く主張してきたときに自分が反対意見だったとしても、まずは「なるほどね。そういうふうにも考えられるね」と、ロジカルな部分に共感する力が大切だと思います。こちらが共感すれば、相手も気持ちを寄せてくれる場面が増える(山中)

# あとがき

これまで共著として何冊か本を出させてもらいましたが、子育てについて語るのは僕にとっては初めてのことです。

おそらく語り合う相手が成田さんでなければ、このテーマでの出版はお引き受けしなかったと思います。なぜなら僕は子育ての専門家でもなんでもないですし、子育てについて人様に偉そうに語れるような言葉は持ち合わせていないからです。

でも相手が成田さんなら話は別です。子育ての専門家であると同時に、僕の大学時代の同級生、そして「恩人」でもあります。成田さんがいなければ、僕は大学の医学部を無事に卒業できなかったかもしれない。ラグビーばっかりやっていた僕をいつも気にかけて、まっとうな方向に導いてくれました。

僕は好奇心だけは人に負けません。成田さんの専門テーマである子育てについて、ぜひ成田さんの考えや知見を聞いてみたい、そしてせっかくだからちょっと懐かしい話にも花を咲かせたい。そんな気持ちでお引き受けしました。

時節柄、残念ながらオンライン対談となりましたが、久しぶりにお目にかかった成田さんは、二十歳の頃と変わらないくらいエネルギッシュで、かかわっている子どもたちや親御さんたちと日々真摯に向き合っていることが伝わってきました。

「さすが奈緒ちゃん、がんばってるなー」

素直にそう思いました。

特に印象に残ったのは、レジリエンス＝乗り越える力の話です。実は僕も中学校時代にはじめて柔道を教えていただいた恩師・西濱士朗先生にたまたまこの言葉を教わり、素晴らしいな、まさに僕が大事にしたいことだな、と思っていました。今回、成田さんが子育ての最前線でレジリエンスを研究していると知り、臨床や実験の話も聞けて、とても興奮しました。現在進行形で子育てに励んでいる親御さんや、これから子育てをするにあたり少し不安を抱えている親御さんに、ぜひ成田さんのアドバイスを読んでもらいたいと思います。

実際の子育てというのは、なかなか思い通りにいかないものですし、よその家庭と比べることにもあまり意味はありません。なぜなら家庭内の本当のことは、外から見ていてもわからないからです。

成田さんの少女時代の話を知って、そのことを痛感しました。女子力が高くて活発な成田さんのことを、大学時代は「何不自由なく育ったお嬢様なんだろうな」と思っていたからです。あんなに葛藤を抱えていたなんて……まったく気づきませんでした。

このことからもわかるのは、百の家庭があれば百通りの子育てがあって、まったく問題がなくすべて思い通り、なんて子育ては、ありえないということです。僕自身も、両親が僕にしてくれたことは感謝していますし、おかげで今の自分があると思いますけれど、自分の娘たちに対して「理想の子育て」をしたなんて、まったく思っていません。悩みながら、妻に大部分を頼りながら、なんとかかんとかやってきたというのが本当のところです。

この本を手にとってくださった読者の皆さんにいちばん伝えたいことは、「お子さんのこともご自身のことも、あんまり追いつめすぎないでほしい」ということです。子育てには正解がないのに、正解を追い求めすぎると、どこにもたどり着けずに堂々めぐりをしてしまう気がします。

子どもが親にいちばん言ってほしいのは、

「あなたのことを信じている。たとえ物事がうまくいかなくても、私たち親だけは最後まであなたを信じる」

という言葉ではないでしょうか。

本書を通して、この言葉の大切さをお伝えすることができたら、私にとっても成田さんにとっても幸せなことです。

２０２１年10月

山中伸弥

**山中伸弥**

1962年、大阪市生まれ。神戸大学医学部卒業、大阪市立大学大学院医学研究科修了(博士)。米国グラッドストーン研究所博士研究員、京都大学再生医科学研究所教授などを経て、2010年4月から京都大学iPS細胞研究所所長。2012年、ノーベル生理学・医学賞を受賞。2020年4月から公益財団法人京都大学iPS細胞研究財団の理事長を兼務。

**成田奈緒子**

1963年、仙台市生まれ。神戸大学医学部卒業、医学博士。米国セントルイスワシントン大学医学部、獨協医科大学、筑波大学基礎医学系を経て2005年より文教大学教育学部特別支援教育専修准教授、2009年より同教授。2014年より子育て支援事業「子育て科学アクシス」代表。主な著書に『子どもにいいこと大全』、『子どもが幸せになる「正しい睡眠」』(共著)。



講談社+α《プラスアルファ》新書 770-2 C

**山中《やまなか》教授《きょうじゅ》、同級生《どうきゅうせい》の小児《しょうに》脳《のう》科学者《かがくしゃ》と子《こ》育《そだ》てを語《かた》る**





**2021年10月20日第1刷発行**

**2021年12月27日第5刷発行**

発行者———— 鈴木章一

発行所———— 株式会社 講談社

東京都文京区音羽2-12-21 〒112-8001

電話 編集(03)5395-3522

販売(03)5395-4415

業務(03)5395-3615

デザイン———— 鈴木成一デザイン室

カバー印刷———— 共同印刷株式会社

印刷———— 株式会社新藤慶昌堂

製本———— 株式会社国宝社

KODANSHA





Printed in Japan

ISBN978-4-06-525912-2